Engelhorn Bücherei

Kleine Geschichten vom Bodensee

Gesammelt
und herausgegeben von
Ulla Küster

Engelhorn Verlag
Stuttgart

Inhalt

Paul Ferdinand Schmidt

Wanderung
ist unumgänglich

Mit den Bodenseedampfern verhält es sich
nicht anders als mit der Eisenbahn: Man
fährt im Abstand von Zeit und Raum am
Eigentlichen vorüber und erblickt nur ein
Ungefähr von Land und allem, was darauf
wartet, betrachtet zu werden. Die Schiffahrt
auf einem so weiten und ruhigen Gewässer
ist reizend, ein seelenberuhigendes Schwe-
ben zwischen Wasser- und Himmelsblau,
zwischen fernen und näheren Ufern – ein
verantwortungsloser und zuweilen seliger
Zustand des Mitgenommenwerdens von
einer höheren und sanft gleitenden Macht.
Man sitzt auf sonnenbestrahltem Deck zwischen unbekannten, einigermaßen angereg-
ten Menschen, selber von Erwartung und
Ferienglück verklärt, gibt sich einer Bewegung hin, die ihr Glück in sich trägt, und hat

ein Ziel vor sich, an dem man auszusteigen hat. Die Ufer gleiten langsamer vorüber als bei einer Bahnfahrt, aber nicht greifbarer und eher noch undeutlicher. Was beim Anlegen in den Gesichtskreis tritt, ist freilich annehmbarer als jeder Bahnhof, ein Abenteuer von Landungsstegen, Neugierigen, hafenumrahmenden Bauten oder Dorfhäusern: Aber kaum möchte man sich mit den Neuigkeiten anfreunden, so tönt schon wieder die Schiffsglocke, der Dampfer ruckt vor, und die Leutchen, denen man sich vielleicht eben anbiedern wollte, sind ausgestiegen und wandeln, geleitet von Freunden oder Gepäckträgern, ihres Weges ins unbekannte Land.

Dies ist das Bodensee-Erlebnis vom Dampferdeck aus, und ich will nichts dagegen sagen. Man kann sich auch, je nach Temperament, mit Kreuz- und Querfahrten begnügen, hier und da für ein paar Stunden aussteigen und sich gemächlich an Land umsehen; oder, wenn man es eilig hat, mit der Querverbindung von Lindau nach Konstanz oder einem Schweizer Hafen zufrieden sein.

Doch damit ist der Bodensee als eine der schönsten, fruchtbarsten Gegenden Mitteleuropas nicht kennenzulernen. Es ist nicht nötig, ihn rings zu umwandern, aber Wanderung ist unumgänglich. Die Ufer und Umgebungen des Untersees und des Überlinger Beckens, die Gestade zwischen Ludwigshafen und Hagnau, sie sind es, die den Zauber dieser milden und gesegneten Landschaft entfalten, sind wert, auf und nieder und kreuz und quer durchstreift zu werden.

Annette von Droste-Hülshoff

Am Bodensee

Über Gelände, matt gedehnt,
Hat Nebelhauch sich wimmelnd gelegt,
Müde, müde die Luft am Strande stöhnt,
Wie ein Roß, das den schlafenden Reiter trägt;
Im Fischerhause kein Lämpchen brennt,
Im öden Turme kein Heimchen schrillt,
Nur langsam rollend der Pulsschlag schwillt
In dem zitternden Element.

Ich hör es wühlen am feuchten Strand,
Mir unterm Fuße es wühlen fort,
Die Kiesel knistern, es rauscht der Sand,
Und Stein an Stein entbröckelt dem Bord.
An meiner Sohle zerfährt der Schaum,
Eine Stimme klaget im hohlen Grund,
Gedämpft, mit halbgeschlossenem Mund,
Wie des grollenden Wetters Traum.

Ich beuge lauschend am Turme her,
Sprühregenflitter fährt in die Höh.
Ha, meine Locke ist feucht und schwer!
Was treibst du denn, unruhiger See?
Kann dir der heilige Schlaf nicht nahn?
Doch nein, du schläfst, ich seh es genau,
Dein Auge decket die Wimper grau,
Am Ufer streckt sich der Kahn.

Hast du so vieles, so vieles erlebt,
Daß dir im Traume es kehren muß,
Daß deine gleißende Nerv erbebt,
Naht ihr am Strand eines Menschen Fuß?
Dahin, dahin! die einst so gesund,
So reich und mächtig, so arm und klein,
Und nur ihr flüchtiger Spiegelschein
Liegt zerflossen auf deinem Grund.

Der Ritter, so aus der Burg hervor
Vom Hange trabte in aller Früh;
– Jetzt nickt die Esche vom grauen Tor,
Am Zwinger zeichnet die Mylady –
Das arme Mütterlein, das gebleicht
Sein Leichenhemde den Strand entlang;
Der Kranke, der seinen letzten Gang
An deinem Borde gekeucht;

Das spielende Kind, das neckend hier
Sein Schneckenhäuschen geschleudert hat;
Die glühende Braut, die lächelnd dir
Von der Ringelblume gab Blatt um Blatt;
Der Sänger, der mit trunkenem Aug
Das Metrum geplätschert in deiner Flut;
Der Pilger, so am Gesteine geruht:
Sie alle dahin wie Rauch!

Bist du so fromm, alte Wasserfei,
Hältst nur umschlungen, läßt nimmer los?
Hat sich aus dem Gebirge die Treu
Geflüchtet in deinen heiligen Schoß?
O, schau mich an! ich zergeh wie Schaum,
Wenn aus dem Grabe die Distel quillt,
Dann zuckt mein längst zerfallenes Bild
Wohl einmal durch deinen Traum!

Werner Bergengruen

Meersburg und Lindau

Der Bodensee kann sein wie ein Rausch. Er
ist schön in den stillen Flammen der Sonne
wie in den Dunkelheiten des Sturmes; am
schönsten vielleicht in den Augenblicken
des Überganges vom Regen zur Aufhel-
lung: da liegt ein unendlich zartes perlmut-
terfarbenes Licht am Himmel und auf dem
Wasser.

Ich winke hinüber zur Insel Mainau, an
deren südliche Wuchsüppigkeit mich eine
dankbare Erinnerung bindet; ich winke hinüber nach Überlingen, mit lieben Freunden
habe ich dort vor Jahren glückliche und
fruchtbare Wochen genossen.

Die meisten Bodenseestädte erstrecken
sich flach am Ufer. Überlingen liegt hügelig,
Meersburg hebt sich mir felsig entgegen.
Dies steile Aufstreben zur Höhe hat eine

heroische Art, die sich wundersam mit der lieblichen Üppigkeit des Reben- und Obst- geländes vereinigt. Hellrot leuchtet das ho- he Barockschloß, das Platen eine Wohnung der Götter genannt hat, gegen den lichten Himmel; bräunlich, grau, rötlich, drängt sich die kleine Stadt mit den abgetreppten Giebeltürmchen und berankten Häusern bergauf, dem Neuen Schloß und der alten Burg entgegen, und das grüne Weinland faßt allenthalben das Bild...

Noch heute hat die Stadt den alten Mau- erring nicht wesentlich überschritten; in vie- len Stücken lebt sie noch mit natürlicher Unbefangenheit in ihrer Überlieferung, welche die Überlieferung eines weinbauen- den und fischefangenden Ortes ist. Alljähr- lich am Tage des Evangelisten Johannes, zwischen Weihnachten und Silvester, ver- sammelt sich wie vor Jahrhunderten noch heute unter dem Vorsitz des Bürgermeisters die Gesellschaft der hundertundein Bürger im Rathaussaale, um bei brennenden Ker- zen unter genauer Beobachtung des ba- rocken Zeremoniells »nach des Stifters Mei- nung« ihren Gesellschaftstrunk zu halten,

der das Hauptereignis des Meersburger
Winters ausmacht. Und wie vor Jahrhunderten nimmt ihre schwere wappenge-
schmückte Kerze bei der Fronleichnams-
prozession, ihre Fahne bei Leichenzügen
eine wichtige Stelle ein.

Die Unterstadt ist die feste Stadt der Bürger; die obere, ohne daß eine schroffe Schei-
dung stattfände, ist die der bischöflichen
Herren gewesen. Hier haben die Konstanzer Fürstbischöfe residiert, die Hirten und
Fürsten einer der angesehensten und ältesten deutschen Diözesen, aus der vor einem
Jahrhundert das heutige Erzbistum Freiburg entstand. Treppen und Steilwege ver-
binden die beiden Teile. Von der Höhe
stürzt Wasser und treibt mitten in der Stadt
ein uraltes Mühlrad, das größte in Deutschland. Am Wasserfall steigt, reich von südlichen Pflanzen umgeben, die Treppe hinan.
Frei, luftig, heiter, in jener majestätischen
Verspieltheit, wie der Fürstenbau der vor-
napoleonischen Zeit sie kannte, liegen hier
oben mit Höfen und Plätzen und schönge-
schwungenen Balustraden die weiträumi-
gen, ausblickreichen Anlagen der fürstbi-

schöflichen Residenz. Ein krasserer Gegensatz ist nicht zu denken, als der zwischen dieser Schöpfung eines italienischen Baumeisters und der alten Felsenburg.

Diese Burg reicht auf merowingische Königszeiten zurück, auch der Name Meersburg scheint diesen Ursprung festzuhalten; die allzu naheliegende Ableitung von Meer kann, so dünkt mich, nicht gut die ursprüngliche sein. Ich begehe die Unangemessenheit, die redselige Kastellanin nach diesen Zusammenhängen zu fragen und erhalte die schneidende Erklärung: »Meersburg bedeutet: eine Burg am Meer.« Einige der Mitbesichtiger schmunzeln über diese verdiente Zurechtweisung: kann es denn in der Tat ein solches Übermaß der Begriffsstutzigkeit geben, daß jemand nicht einmal ein Wort wie Meersburg in seine beiden natürlichen Teile zu zerlegen vermag?...

Die badische Regierung, der vor fünfviertel Jahrhunderten das Fürstbistum zugefallen war, plante den Abbruch des Schlosses. Da erwarb es der Freiherr von Laßberg, ein ehrfürchtiger Liebhaber und Sammler aller Zeugnisse deutscher Vorzeit. Wie Stift Neu-

burg und das Weinsberger Kernerhaus die
Sammelburgen der Romantik wurden, so
wurde die Meersburg das feste Haus der
Germanistik; mit dem Kernerhause stand
sie in freundschaftlicher Verbindung, Ker-
ner, Uhland, Schwab, Simrock, die Brüder
Grimm waren ihre Gäste.

Unter den Gästen des Freiherrn von Laßberg war auch seine unverheiratete Schwägerin, von deren Reimereien er keine sehr
hohe Meinung hatte; doch ließ er sie gewäh-
ren, wenn sie im roten Turmzimmer an
ihrem Schreibtisch saß. Es kam dahin, daß
sie für die Dauer zur Hausgenossin wurde
und ihre norddeutsche Heimat nur noch
gastweise aufsuchte. Meersburg ist der son-
derbare Gegenpol zum westfälischen Leben
der Droste; hier erst hat sie vieles von dem
geschrieben, das ihre Verwachsenheit mit
der stillen roten Erde am stärksten offen-
bart. In ihrer westfälischen Zeit galt ihr
Dichten ihrer Umgebung als Marotte, in
Meersburg holte der Ruhm sie ein. In
Meersburg wuchs aus der anfänglich tan-
tenhaft fürsorgenden Zuneigung für den
jüngeren Schücking die verspätete, große

und einsame Leidenschaft; in die Meersburger Zeit fällt die Entfremdung, fällt der Bruch. Und in Meersburg ist die Droste gestorben.

Ich gehe am Rathause vorüber durchs Obertor in das Gebiet der sonnigen, traubenreichen Rebgärten. Auf einem der Weinhügel hebt sich ein altertümliches zweistöckiges Häuschen rosenfarben aus dem Grün; ein Wetterfähnchen zeigt in den hellen Himmel. Das ist das Fürstenhäusle, ein Bau des siebzehnten Jahrhunderts, von einem Domherrn des Geschlechts Fugger errichtet und später dem ihm verwandten Fürstbischof hinterlassen; diese Umstände haben die halb stolze, halb zutrauliche Benennung hervorgerufen. Vom Honorar der ersten Buchausgabe ihrer Gedichte hat die Droste das Fürstenhäusle samt einem Morgen Rebland ersteigert. Fast täglich ist sie zu ihm hinaufgestiegen, mancher Vers ist hier niedergeschrieben worden; das Häuschen, noch jetzt im Besitz ihrer Verwandtschaft, hat manche Erinnerungen an seine Herrin bewahrt.

Nicht weit vom Fürstenhäusle liegt der

Meersburger Friedhof; hier oben ruht unter einem absonderlich pyramidisch geformten Steinmal der absonderliche Friedrich Anton Mesmer, der Arzt und Naturphilosoph, Entdecker des tierischen Magnetismus, ehedem eine europäische Sensation, ein Kind des Bodenseelandes. Der Friedhof hat die Stille eines langsam der Reifezeit zuwachsenden Obstgartens. Über die efeubezogene Mauer sieht von draußen her die Kapelle. Unter Efeu und Immergrün, neben dem Erbbegräbnis der Laßbergs, liegt Annette. Den gotischen Stein bezeichnen ihr Wappen, ihr Name, Ein- und Ausgangsdatum ihres Lebens und das Wort: »Ehre dem Herrn.« So scheint sie gänzlich eingekehrt in die Natur.

Allen den Orten ihres Meersburger Lebens bis zu diesem letzten, dem Turmzimmer, dem Burggarten, dem Schloßlatz und dem Traubenrevier auf dem Hügel ist eins gemeinsam: der große, still oder stark den Menschen ergreifende Blick über die Fläche des Sees, auf das grüne Hügelland des Südstrandes und auf den ewigen Schnee der vorarlbergischen und thurgauischen Alpen.

Im späten Licht hebt sich der schwere Säntis in schwebender Leichtigkeit, rosig wie ein zauberisches Gewölke.

Es dämmert, es dunkelt schon. Die Wein- und Fruchtufer zerrinnen. Gerade noch lassen sich im Grau die Türme von Friedrichshafen erkennen, allen voran die zwei kuppelgekrönten des alten Benediktinerklosters, das hernach dem Hause Württemberg als Sommerresidenz diente. Auf der Seefläche lösen die schwarzen Umrisse der Fischerboote sich auf. Unruhige, hungrige Möwenscharen flattern um das Schiff. Lichterketten bezeichnen die Ufer. Der Lindauer Leuchtturm glimmt. Aus der Finsternis kommt ein langsames, hallendes Glockengeläut.

Die natürlichste Reiserichtung ist die, daß man mit den Wassern vom Gebirge zu Tal gelangt; mit Freuden denke ich um einige Jahre zurück, da ich vom Allgäu zu Rad nach Lindau hinabfuhr. Aber die Ankunft von der Seeseite hat einen besonderen Reiz in den beiden herzlich ausgebreiteten Armen, die Lindau einem willkommen heißend entgegenstreckt; es sind die zwei ha-

fenumkreisenden Molen, der
Leuchtturm und der bayrische
Löwe flankieren die schmale
Einfahrt. Bayerischer Löwe, ich
kehre gern unter deine – fast
hätte ich gesagt »Fittiche«, um dies Gefühl
guten Geborgenseins zu bezeichnen, das
mich immer wieder auf bayerischem Boden
empfängt.

Mich schauert in der abendlichen Seekühle, ich suche mir bald ein Dach, und beim Abendessen erinnere ich mich mit Behagen zweier guter Worte des sechzehnten Jahrhunderts. Das eine steht in den Reiseaufzeichnungen des gescheiten Franzosen Michel de Montaigne und lautet: »Es tut mir nur leid, keinen Koch mitgebracht zu haben, um ihn in Lindau unterweisen zu lassen.« Das andere aber findet sich in Dr. Luthers Tischreden: »Wenn ich viel reisen sollte, wollte ich nirgendwo lieber denn durch Schwaben und Bayerland ziehen, denn sie sind freundlich und gutwillig, beherbergen gerne und gehen den Wanderleuten entgegen und tun gute Ausrichtung für ihr Geld.«

Die Region des Seeweins hat aufgehört, und ich habe es gern, jedes Gewächs an seinem Ort zu trinken. Ich bestelle mir Bier und höre gezwungenermaßen eine besorgte Unterhaltung zweier Herren am Nebentisch; ich entnehme ihr, daß der Bodensee in fünfzehn- bis zwanzigtausend Jahren infolge der unentwegten Anfuhr von Schuttgeröll aus dem Rhein und anderen Zuflüssen verschüttet sein wird. Dies kann ich unmöglich sehr schwer nehmen.

Im blauen Morgenschein spaziere ich durch Lindau. Diese ehemalige Reichsstadt liegt auf einer Insel und ist mit dem festen Lande nur durch eine Holzbrücke und einem schmalen Eisenbahndamm verbunden. Sie kann wohl Vororte bilden, nicht aber eigentlich wachsen; das gibt ihr einen Charakter von geschlossener, zugleich aber gastfreier Familienhaftigkeit. Man hört häufig betonen, Lindau sei die südlichste deutsche Stadt; für mich, der ich ein Deutscher bin aus einem Lande jenseits der Reichsgrenzen, sind solche am Schlagbaum gewachsene Feststellungen ohne Sinn. Auf Lindauer Spaziergängen hat man Freude an

den bogigen, der Inselform folgenden Straßen und an den hübschnamigen kleinen
»Gässele«: Kickengässele, Zitronengässele,
Färbergässele, Mautgässele, Pfaffengässele.
Man begegnet Resten des alten Römerka-
stells, erkerreichen Zunft- und Patrizierhäu-
sern, darunter am Marktplatz, gegenüber
den zwei städtischen Kirchen, dem stattlich-
sten von allen, dem heute zum Museum
umgewandelten »Kawatzen« mit seiner lu-
stigen Freskomalerei.

Alle diese Anblicke fesseln; aber ich
weiß, daß ich das Bodenseeland bald werde
hinter mir lassen müssen, und so fühle ich
mich immer wieder getrieben, den Blick
über den See zu suchen, vom Alten Leuchtturm aus, vom menschenreichen Hafen. Es
macht die Herrlichkeit dieses Bildes aus,
daß nirgends schroffe Gebirgsbildungen
ans Gestade treten. Ein lichter grüner Strei-
fen, farbig von Ortschaften durchsetzt,
säumt die Ufer. Hinter ihm wachsen Berge
zu mittlerer Höhe; dann erst schließen die
Drei Schwestern und die rätische Scesaplana
den Horizont, schneeweiß gegen den blauen
Himmel.

Siegmar Gerndt

Der bayerische Bodensee

Der bayerische Anteil am Bodensee, dem
»Schwäbischen Meer«, ist nicht groß, um-
faßt aber den bevorzugten Winkel um die
Inselstadt Lindau, deren romantisches Bild
eine großartige Rahmenszenerie in der großen Wasserfläche und in den sattgrünen
Obsthügeln findet. Einen schönen und in-
formierenden Blick darüberhin gewährt
der Hoyerberg in Hoyren. Es ist ein parkar-
tig gestalteter, von Obstbäumen bestande-

ner und mit einem Schlößchen als Aussichts-
café bekrönter Drumlin-Moränenhügel.
Die Uferregion selbst mit ihren abwechs-
lungsreichen Bildern, mit dichtem Park-
baumbestand, verlandenden
Buchten und Schilfgürteln
steht von Nonnenhorn bis
zur Bundesgrenze bei Zech
unter Landschaftsschutz. Im
Frühjahr leuchten an vielen Stellen die Standorte der blauen Sibi-
rischen Schwertlilie. Eine Pflanze der Hoch-
alpen hat hier in eigener Anpassungsform
sich halten können: der Rotblühende Ge-
genblättrige Steinbrech, der auch Über-
schwemmungsperioden überdauern kann.
Ein weiterer Grund für die Inschutznahme
ist natürlich die hier beheimatete Vogelwelt:
Lachmöwe, Bläßhuhn, Wildente, bunte
Krickente, kleine Knäkente und Kolbenen-
te, Kormoran, Haubentaucher und Zwerg-
taucher. Der Schwan ist unentbehrliches
Requisit der Uferstücke großer Privatparks,
die seit dem 19. Jh. auf weite Strecken das
Seeufer reservierend abschlossen. Zwischen
der österreichischen Grenze und der Stadt

Lindau wurde nun ein Uferweg freigegeben. Einer der
schönsten Vögel des Bodenseege-
bietes ist der blaugrüne und rosa-
farbene Eisvogel. Immer seltener wird die
Gabelweihe (Milan), die seit dem Ausster-
ben des Seeadlers (1926) der größte Vogel
des Gebietes ist. Zwischen Nonnenhorn und
Wasserburg wurde der Schilfgürtel des Sees
unter Naturschutz gestellt.

Die Bodenseefischerei hat nicht mehr die
Bedeutung von einst. Doch noch immer
sind der Blaufelchen und sein Verwandter,
der Gangfisch, geschätzt. Forellen gibt es in
den Arten von Schweb- und Grund-
forelle. Aber auch Hecht, Barsch,
Trüsche, Zander, Aal und Waller gehen dem Fischer
ins Netz.

Kurt Lampert

Bodenseefische

Der Blaufelchen ist ein wichtiger Edelfisch
des Bodensees, kommt außerdem aber noch
anderen großen und tiefen Alpenseen
Bayerns, der Schweiz und
Österreichs zu. Er
wird bis zu 70 cm lang,
Rücken und Kopf sind
tief stahlblau, der übrige Körper silberglän-
zend. Die Mundöffnung ist endständig. Auf
dem ersten Kiemenbogen trägt der Blaufelchen 34–38 Reusenzähne gegen 37–42 bei
der Edelmaräne. Der Flossenrand ist teil-
weise geschwärzt. Der Blaufelchen lebt ganz
ähnlich wie die kleine Maräne in Schwär-
men, die von den Planktontrustern ebenso
in der Verteilung abhängig sind wie die der
Zwergmaräne. Man hat sogar versucht, aus
Planktonfängen in verschiedenen Wasser-

tiefen Fangvorhersagen aufzustellen, um den Fischern für die Tiefenstellung ihrer Schwebnetze einen Anhalt zu geben. Außer in diesen Netzen wird der Fisch noch mit dem Klusgarn gefangen. Das Laichgeschäft fällt in die Zeit von Ende November bis Mitte Dezember und findet über den größten Tiefen statt, wobei die Fische sich aber nur wenige Meter unter der Wasseroberfläche aufhalten und ihre Eier auf den Boden fallen lassen.

Der Gangfisch ist zwar dem Blaufelchen sehr nahe verwandt, aber doch eine eigene Art. Er lebt wie dieser im Bodensee, laicht dort aber auf sandigen Stellen im November im flacheren Wasser. Er unterscheidet sich von seinem nächsten Verwandten durch verhältnismäßig größere Augen und eine abgerundete Schnauze, die beim Blaufelchen spitzer zuläuft. Auf dem ersten Kiemenbogen stehen 36–44 Reusenzähne, die länger sind und dichter stehen. Die Flossenränder sind niemals geschwärzt. Bereits bei der eben ausgeschlüpften Brut lassen sich Unterschiede zwischen beiden Arten feststellen, die Blaufelchenbrut ist im Dottersackstadium schwach pigmentiert, die Gangfischbrut zeigt dagegen schon im Ei eine starke Pigmentierung. Während die erstere noch längere Zeit unbeholfen umherschwimmt, ist die letztere schon bald nach dem Ausschlüpfen mit einem guten Schwimmvermögen begabt.

In Rußland erreicht der Zander eine Länge von 100 cm, in Deutschland wird er selten über 50 cm lang, aus dem Bodensee besitzt jedoch die Naturaliensammlung in Stuttgart ein Exemplar von 78 cm Länge (ohne Schwanz) und 9,5 kg Ge-

wicht. In seiner ganzen Gestalt, besonders durch den langgezogenen Kopf, erinnert er an den Hecht und ist gleich diesem ein gefährlicher Räuber, ohne sich jedoch mit ihm an Gewandtheit messen zu können, weshalb seine Beute meistens aus kleineren Fischen besteht, von denen besonders der Stint und der Ukelei in Betracht kommen. Durch den Menschen ist der Zander in Deutschland weiter verbreitet worden, indem er dem Flußgebiet des Rheines zugeführt wurde und hier vortrefflich gedeiht. So ist er u. a. 1886 in den Bodensee eingesetzt worden, und allen pessimistischen Ansichten zum Trotz hat er sich daselbst vollständig eingebürgert und bewährt sich. Allerdings konnte die bemerkenswerte Tatsache nachgewiesen werden, daß er ohne ersichtlichen Grund Ufergebiete, wo er jahrelang zu finden war, z. B. bei Friedrichshafen, verließ und in andere, in diesem Fall in die Bucht von Bregenz, hinüberwanderte. Es ist wohl anzunehmen, daß ihm dort durch die zu dieser Zeit stattgehabte Rheinkorrektion sich günstigere Nahrungsverhältnisse boten. Auch sonst wird häufig in einzelnen Gewässern beobachtet, daß der Zander allmählich verschwindet, um vielleicht nach Jahren wieder in seinem Bestande zuzunehmen. Im allgemeinen bevorzugt er flache und trübe Gewässer mit hartem Grunde, in denen er als Raubfisch des freien Wassers am besten seiner Beute nachjagen kann.

So beliebt, wenn auch nicht in genügendem Maß bekannt, die Trüsche als Speisefisch ist, so wenig beliebt ist sie bei den

Fischern; unersättlich, nichts verschmähend, ist sie besonders ein großer Liebhaber des Laiches und richtet hier sowie unter der Jungbrut große Verheerungen an, freilich auch ihren eigenen Laich nicht verschmähend. Ihre Raubzüge unternimmt sie nachts, während sie sich am Tage unter Steinen und zwischen dichten Wasserpflanzen aufhält.

Die Trüsche liebt kühles, reines Wasser und findet sich außer in Flüssen auch in Seen, so auch in den nördlichen Alpenseen. Ihre Laichzeit fällt in die Monate November bis Februar, zu welcher Zeit das Weibchen gegen 100 000 sehr kleine Eier ablegt, die an Steinen und Wasserpflanzen angeklebt werden. Zum Zweck der Eiablage unternimmt die Trüsche im November und Dezember Wanderungen zu ihren Laichplätzen, um im Januar oder Februar wieder zurückzukehren.

Eine ebenso merkwürdige Gestalt wie die Trüsche zeigt der Weller, Wels, Waller, Donauwels, Schaid, der größte der deutschen Süßwasserfische; »dieses scheutzliche Thier möcht ein teutscher Wallfisch genennt wer-

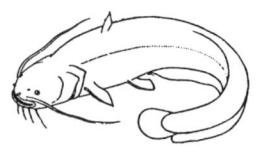den«, schreibt der alte biedere Geßner in seinem Fischbuch. Neben der Größe führte ihn zu diesem Vergleich wohl der absolute Mangel an Schuppen der ganz dunklen Haut. Der Kopf ist ganz flachgedrückt und sehr breit, mit auffallend kleinen Augen, dagegen zwei sehr langen Bartfäden am Maul und vier Bartfäden am Unterkiefer. Das mächtig große Maul ist weit, der Unterkiefer ragt etwas vor. Die Rückenflosse ist sehr kurz, dagegen sehr lang die Afterflosse. Infolge der Länge des Schwanzteils erscheint der After bis in die Körpermitte gerückt. Die sonst bei dieser Familie häufig vorhandene Fettflosse fehlt. Der Wels lebt besonders im Donaugebiet und in Rußland im Kaspischen und Schwarzen Meer, findet sich aber bis nach dem südlichen Schweden hinauf und nach Osten bis zum westlichen Asien. In Mitteleuropa hat er seine westliche Grenze ungefähr im Rheingebiet, im Bodensee ist er z. B. ein gefürchteter Räuber. Der Wels kann eine Größe bis 3 m bei einem Gewicht von 90 kg

erreichen, ja es wird von Exemplaren berichtet, die 300 kg gewogen haben. Er ist von außerordentlicher Gefräßigkeit und nährt sich von allen Wassertieren, nimmt, wenn er sie erreichen kann, auch Wasservögel und kleine Säugetiere. Sein fettes und saftiges Fleisch erinnert durch seine Beschaffenheit und durch die Grätenlosigkeit an das der Trüsche und ist besonders bei jungen Tieren sehr geschätzt.

Zu der Gattung Brachsen, Fischen mit stark seitlich zusammengedrücktem, hohem oder länglichem Körper, zählt eine Anzahl in Mitteleuropa vorkommende, zum Teil sehr häufige Arten. Die bekannteste und wirtschaftlich wichtigste derselben, der gemeine Brachsen, findet sich besonders in Seen und größeren Flüssen, wo er sich in der Nähe des Grundes, und zwar immer gesellig, aufhält. Während die jungen Brachsen in der Uferregion der Nahrung, d. s. die dort lebenden Insektenlarven und Würmer, nachgehen, ist der alte Brachsen ein Konsument vorwiegend der am Boden lebenden Tiere, also vor allem der größeren Chironomidenlarven und der Tubificiden, nur des

Nachts äst auch er an schlammigen und sandigen Stellen der Uferregion. Zur Laichzeit, d. i. im Mai und Juni, während welcher das Männchen zahlreiche kegelförmige, anfangs weiße, später bernsteingelbe Knötchen auf der Körperoberfläche zeigt, kommen die Brachsen zu seichteren Stellen und treten hier gelegentlich in gewaltigen Massen auf. Zu dieser Zeit werden die laichenden Brachsen in Stellnetzen und auch in Stellsäcken gefangen, sonst beschränkt sich der Fang dieses Fisches im wesentlichen auf den Gebrauch des Zugnetzes. Mit diesem werden im Sommer und Herbst zuweilen ansehnliche Mengen gefangen. Die eigentlichen Massenfänge sind aber besonders im Winter unter Eis, zu welcher Zeit mancherorts in einem Zuge mehrere hundert Zentner Brachsen gefangen werden. Im allgemeinen ist dieser Fisch äußerst scheu und zumal in Seen mit ungleichmäßigem Untergrund schwierig zu bekommen.

Martin Walser

Fischpredigt

Gottlieb Zürn träumte, er liege in einer
Wiege und diese Wiege stehe mitten im
Rheinfall und über die Wiege beuge sich
eine Frau und die Frau singe, aber man
hörte sie nicht, das Getöse des herabstürzen-
den Wassers war zu laut. Gottlieb Zürn erwachte. Er hörte immer noch Wasser; nicht
mehr als Getöse, aber als Platschen und
Klatschen, als machten Elefanten drunten
am Ufer eine Wasserschlacht. Es war kurz
nach vier, am dritten Juni. Ein solches Wasserschlachtgeräusch hatte er noch nie gehört. Er kam leichter aus dem Bett als sonst.
Anna war noch ganz ins Bettzeug verschlun-
gen. Also leise hinaus und hinunter. Der
Garten feierte den Junimorgen. Sobald
Gottlieb Zürn die von hellviolett strahlen-
den Tamariskenzweigen fast unpassierbar

gemachte Gartentür hinter sich hatte, sah
er, was ihn geweckt hatte. Der im Juni fast
bis zum Wegrand volle See wimmelte von
durcheinanderschwimmenden, immer wieder jäh die Wasseroberfläche durchbre-
chenden und auf das Wasser mit Schwanz-
flossen einschlagenden Fischen. Und zwar
nur hier, nur vor Gottliebs Haus und
Grund. Brachsen waren das. Allmählich begriff er, daß hier Fortpflanzung betrieben
wurde. Ein ruhiges, aber doch zügiges Da-
hinschwimmen, dann peitscht sich einer in
Schwung, nähert sich von schräg hinten
einem anderen, der beziehungsweise die
bemerkt es, plötzlich jagen beide davon, sie
flieht nun vollends in die Uferzone, durch-
bricht die Oberfläche, dabei wirft sie sich,
dreht sie sich, aus dem dunklen Rücken ist
ein blitzender Leib geworden. Eine Berüh-
rung, dann eine einzige gemeinsame Bewegung vom Kopf bis an die Schwanzflossen-
enden, dann das Auseinanderschwimmen
dunkler Rücken, daneben neue glitzernde
Leiber, die durch die Oberfläche brechen-
den Flossen – ein Durcheinander, das Gottlieb schön vorkam, weil keine dieser wim-

36

melnden Bewegungen ganz zweckmäßig
aussah und alle Bewegungen zusammen
trotzdem einen Sinn ergaben. Gottlieb
schlüpfte, fast ohne es zu wollen, aus seinem
Schlafanzug. Kleider waren doch nichts als
eine Beeinträchtigung. Sobald er nackt war,
bildete er sich ein, jetzt sehe er besser. Er
verstand besser, was er sah und hörte. Die
Fische predigten ihm. Er konnte nicht genug kriegen von dieser schäumenden, rau-
schenden, klatschenden und dann gleich
wieder vollkommen lautlos dahinfließen-
den, sich in nichts als Glanz und Gleiten
auflösenden Bewegungspredigt. Gottlieb
empfand seine eigene Nacktheit großartig.
Ein Wohlsein, das er noch nie empfunden
hatte. Er sagte sich, daß er nicht etwas Be-
sonderes sei und schon gar nicht besonders
aussehe. Jeder, der jetzt hier stünde, müßte
sich ganz genauso fühlen, wie er sich jetzt
fühlte. Die Büsche waren seine Verbünde-
ten, die Bäume sein Chor, das Wasser sein
Element, der Himmel wölbte sich nur über
ihm. In Kleidern empfand er sich nie so
friedlich wie jetzt. Seine Nacktheit richtete
sich gegen niemanden. Wann konnte er,

37

angezogen, je sagen, er sei im Augenblick gegen niemanden eingenommen? Plötzlich stand Armin neben ihm. Vor lauter Wasserschlachtgeräusch hatte Gottlieb Armin ganz vergessen gehabt. Er entschuldigte sich bei dem riesigen Hund und schlüpfte wieder in seinen Schlafanzug.

Erst als sich das Durcheinander lichtete, immer mehr Brachsen seeauswärts wegtauchten und schließlich nur noch einzelne gänzlich unanbringbar übrigblieben und wie ratlos kreuz und quer pendelten, erst als wirklich nichts mehr los war, konnten Armin und Gottlieb durch Büsche und Türchen zurück und hinauf in den Garten gehen.

Joseph Victor von Scheffel

Das absonderliche Fahrzeug

Der Fährmann steuerte rüstig vorwärts. Schon waren sie dem Ufervorsprung, der die Zelle Radolfs und die wenig umliegenden Behausungen trägt, nahe. Da trieb ein seltsam Schifflein im See, roh, ein hohler Baumstamm, aber ganz verdeckt und überbaut mit grünem Gezweig und Schilfrohr, und war kein Ruderer zu erschauen, der es lenkte. Der Wind schaukelte es dem Geröhricht am Gestade entgegen. Ekkehard hieß seinen Fergen das absonderliche Fahrzeug anhalten. Da stieg derselbe mit seiner Ruderstange in die grüne Verhüllung.

»Pest und Aussatz Euch ins Gebein!« fluchte es mit tiefer Stimme aus der Höhlung hervor, »oleum et operam perdidi, Hopfen und Malz ist verloren. Wildgans und Kriekente sind des Teufels!«

Ein Zug Wasservögel, der mit heiserem Geschnatter in der Nähe aufstieg und landeinwärts flog, bestätigte des Fluchenden Ausspruch.

Im Buschwerk des Schiffleins aber knisterte es und hob sich auf, ein wettergebräuntes, runzeldurchfurchtes Antlitz schaute herüber, um den Leib schmiegte sich ein verblichen geistlich Kleid, das, an den Knien mit unsicherem Messerschnitt gekürzt, zerzaust herabhing; im Gürtel stak ein Köcher statt des Rosenkranzes, die gespannte Armbrust lag auf des Schiffes Vorderteil.

»Pest und Aussatz« – wollte des Fahrzeugs Insasse nochmals anheben, da schaute er Ekkehards Tonsur und Benediktinergewand und änderte den Ton: »Hoiho! Salve confrater! Beim Bart des heiligen Patrik von Armagh, so mich Euer Fürwitz noch eine Viertelstunde länger ungehindert gelassen,

könnt' ich Euch zu einem weidlichen Bissen Seewildbret einladen.« Mit Bewegung schaute er den in die Ferne streichenden Wildenten nach.

Ekkehard aber hob lächelnd den Zeigefinger: »Ne clericus venationi incumbat! Kein Geweihter des Herrn soll der Jagd pflegen.«

»Stubenweisheit«, rief der andere, »gilt nicht bei uns am Untersee. Seid Ihr etwann gesendet, beim Leutpriester zu Radolfszelle Kirchenschau zu halten?«

»Beim Leutpriester von Radolfszelle?« frug Ekkehard. »Steht hier der Bruder Marcellus vor mir?« Er tat einen Seitenblick auf des Weidmanns rechten Arm, an dem sich die Kutte zurückgestreift hatte; in rauhen Linien war ein von einer Schlange umwundenes Heilandbild eingeätzt und stund mit punktierten Buchstaben drüber Christus vindex.

»Bruder Marcellus?« lachte der Gefragte und strich mit der Hand über die Stirn, »fuimus Troes, willkommen in Moengals Revier!«

Er stieg aus seinem hohlen Baum in Ekkehards Schiff hinüber. »Der heilige Gallus soll leben!« sprach er und küßte ihn auf Wange und Stirn, »lasset uns ans Land fahren, Ihr seid mein Gast, wenn auch ohne Wildenten.«

»Euch hab' ich mir anders vorgestellt«, sprach Ekkehard. Das war kein Wunder.

Nichts gibt ein falscher Bild von Menschen, als nach ihnen an denselben Ort kommen, wo sie einstens gewirkt, vereinzelte Reste ihrer Tätigkeit sehen und aus dem Gerede der Zurückgebliebenen sich eine Vorstellung des Weggegangenen schaffen. Tiefstes und Eigenstes bleibt dritten meist unbeachtet, auch wenn's offen zutag liegt, in der Überlieferung schwindet's ganz. Als Ekkehard ins Kloster trat, war der Bruder Marcellus schon nach der verlassenen Zelle Radolfs als Pfarrherr abgegangen. Etliche zierlich geschriebene Urkunden, Ciceros Buch von den Pflichten, und ein lateinischer Priscianus mit irischer Schrift zwischen den Zeilen erhielten sein Andenken. Viel verehrt lebte sein Name noch an der inneren Klosterschule, er war der tüchtigsten Lehrer einer gewesen, tadellos sein Wandel. Seither war er in Sankt Gallen verschollen. Darum hatte sich Ekkehard statt des Weidmanns im See einen ernsten hagern blassen Gelehrten erwartet.

Das Gestad von Radolfs Zelle war erreicht; eine dünne, nur auf einer Seite geprägte Silbermünze stellte den Fährmann zufrieden. Sie gingen ans Land. Wenig Häuser und schmucklose Fischerhütten standen um das Grabkirchlein, das Radolfs Gebeine birgt.

»Wir sind an Moengals Pfarrhaus«, sprach der Alte, »tretet ein. Ihr werdet hoffentlich dem Bischof zu Konstanz keinen Bericht von meinem Hauswesen erstatten, wie jener Dekan von Rheinau, der be-

43

hauptete, er habe bei mir Krüge und Trink-
hörner von einer jedem Zeitalter verhaßten
Größe erschauen müssen.«

Sie traten in eine holzgetäfelte Halle.
Hirschgeweih und Auerochsenhörner hin-
gen über dem Eingang, Jagdspieße, Leim-
ruten, Fischgarne lehnten in malerischer
Unordnung an den Wänden, an das umge-
stürzte Fäßlein im Winkel schmiegte sich der
Würfelbecher: wäre es nicht des Leutpri-
esters Behausung gewesen, so hätte füglich
auch der Förster des kaiserlichen Bannwal-
des hier wohnen können.

In kurzem stand ein Krug säuerlichen
Weines auf dem Eichentisch, auch Brot und
Butter lieferte die Vorratskammer. Dann
kam der Leutpriester aus der Küche zurück,
hielt sein Gewand wie eine gefüllte Schürze
und schüttete einen Platzregen von geräu-
cherten Gangfischen vor seinen Gast. »Heu!
quod anseres fugasti antvogelosque et horo-
tumblum! Weh, daß du mir die Wildgänse
verscheucht und die Enten samt der Rohr-
dommel!« sprach er, aber wenn einer nur
die Wahl zwischen Gangfisch und gar nichts
hat, greift er immer noch zum ersten.

Annette von Droste-Hülshoff

Das Fürstenhäuschen

Meersburg, den 18ten November [18]43
... Jetzt muß ich Ihnen auch sagen, daß ich
seit acht Tagen eine grandiose Grundbesit-
zerin bin. Ich habe das blanke Fürstenhäuschen, was neben dem Wege zum Frieden
liegt – doch dort waren Sie nicht, aber man
sieht es gleich am Tore, wenn man zum Figel
geht – ,nun, das habe ich in einer Steigerung
nebst dem dazu gehörenden Weinberge er-
standen, und wofür? Für 400 Reichstaler.
Dafür habe ich ein kleines, aber massiv aus
gehauenen Steinen und geschmackvoll auf-
geführtes Haus, was vier Zimmer, eine Küche, großen Keller und Bodenraum enthält,
und 5000 Weinstöcke, die in guten Jahren
schon über zwanzig Ohm Wein gebracht
haben. Es ist unerhört! Aber keiner wollte
bieten, dieses unglückliche Jahr bringt nur

Verkäufer hervor. Gottlob ist's kein armer Schelm, dem ich es abgekauft, sondern der reiche Großherzog von Baden, dem dies vereinzelte Stückchen Domäne lästig war. Früher gehörte es den Bischöfen von Konstanz, und der letztverstorbene ließ dies artige Gartenhaus bauen, wo er manchen Tag soll gespeist haben.

Die Aussicht ist fast zu schön, d. h. mir zu belebt, was die Nah-, und zu schrankenlos, was die Fernsicht betrifft. Es ist der höchste Punkt dieser Umgebungen, gleich am Fuße des Hügels zwei sich kreuzende Chausseen, tiefer Stadt und Schloß Meersburg, die hier ganz niedrig zu liegen scheinen; als nächste Punkte darin (etwa tausend Schritt entfernt) und sich wunderschön präsentierend, rechts das alte Schloß, links das Seminar, von dem nachmittags der schöne Chorgesang so deutlich aufsteigt, daß keine Note verlorengeht; tief unten der See mit seiner ganzen Rundsicht, die Insel Mainau, Konstanz, Münsterlingen, das Thurgau, St. Gallen, auf der einen Seite nur durch die Alpen beschränkt (von denen ich hier noch die ganze Tiroler Kette als Zugabe habe), von der andern durch die höchsten Kegel des Hegaus. Es ist eigentlich wunderbar schön, und die Meersburger halten dieses Fürstenhäuschen (auch der Hindelberg genannt)

für eine unschätzbare Perle. Mir ist's aber fast zuviel und zauberhaft, und wie ich so droben die ganze Gegend kontrollieren kann, jeden Bürger, der auf die Gasse oder auch nur ans Fenster, jeden Bauern, der in seinen Hofraum tritt, so komme ich mir vor wie der Student von Salamanka, dem der hinkende Teufel die Hausdächer abgehoben hat, und mir ist beinahe sündlich zumute. Vom Häuschen bis zur Chaussee hinunter führt eine Steintreppe mitten durch die

Reben, die ich zum Laubengange machen und auf der Hälfte, mittelst zweier Ausbiegungen, mit ein paar niedlichen versteckten Ruhbänken versehen will. Unten ist die Treppe schon durch ein hübsches Gatterpförtchen verschlossen. Ich habe nichts zu tun als die nächsten Rebenreihn aufranken zu lassen und die kleine Rotunde in der Mitte zu besorgen, wozu ich nur drei oder vier Weinstöcke wegzunehmen und die dahinterstehenden zu benutzen habe; in zwei Jahren kann alles dicht und schattig sein. Was sagen Sie dazu?

Die Reben hat der alte Bischof mir aufs beste gewählt, Burgunder, Traminer, Gutedel et cet., und die eine (Sonnen-)Seite des Abhangs bringt solchen Wein, als Laßberg Ihnen vorgesetzt, die andere geringeren. So kann ich also in guten Jahren auf zehn Ohm vortrefflichen und ebensoviel mittelmäßigen Wein rechnen. Grad hinter dem Hause, wo der Schatten desselben den Reben sehr schadet, will ich diese ausroden, den Boden gleich machen und eine kleine Blumenterrasse, nicht groß genug zum Spazierengehn, aber angenehm fürs Auge, mit lange und reichlich blühenden Blumen, Georginen, Rosen, Levkojen et cet. bepflanzen lassen. Oh, Sie sollen sehn, ich mache ein kleines Paradies aus dem Nestchen! Schade, daß ich meine meiste Lebenszeit 200 Stunden davon zubringen werde! Oder vielmehr gottlob, daß der heimische Boden und ich uns immer einander treu und sicher bleiben und mir doch, falls mir von Zeit zu Zeit die hiesige Luft wieder nötig würde, bei allen denkbaren Wechselfällen ein niedliches Chez moi nicht fehlt.

Nun will ich Ihnen auch das Innere des Hauses beschreiben. Man geht mit einer hübsch geschweiften, etwa acht Stufen hohen Steintreppe in den untern Stock, der nur das Paradezimmer und die Küche enthält. Ersteres ein Gemach von angenehmer Größe, mit einem Erker, in dem das Kanapee mit Tisch und einigen Stühlen hinlänglich Raum haben und das übrige Zimmer unbeengt lassen. Man sitzt dort wie in einem Glaskasten, ein Fenster im Rücken und zwei zu den Seiten, aber Besuchenden wird es himmlich scheinen, der Aussicht wegen. In dies Zimmer tritt man unmittelbar von der Treppe. Die Küche daneben (wo ich einen zweiten Eingang werde brechen lassen) ist klein, doch nicht bis zur Unbequemlichkeit, und es läßt sich mit wenigen Gulden einrichten, daß das Herdfeuer zugleich den hübschen Kachelofen des Zimmers heizt, was im Winter sehr angenehm und im Sommer durch Öffnung der Fenster nach der jedesmaligen Schattenseite und Ladenschließung der übrigen leicht zu parallelisieren ist, da mein Kochherd doch nicht allzu lange und stark brennen würde und bei winterlichen Besuchen notwendig nachgeheizt werden müßte; doch würde das Zimmer immer trocken und eine gelinde Temperatur darin erhalten werden, die die Besuche gleich hineinzuführen erlaubte.

Aus der Küche führt eine Wendelstiege und Falltür in den oberen Stock, meine eigentliche Dachshöhle (oder Schwalbennest), alles mit Zierlichkeit gemacht, die Stiege hübsch gewunden, die Falltür wie Getäfel geschnitzelt und sich in die Wand fügend, so

daß sie bei Tage nicht bemerkt, sondern für eine
Verzierung gehalten wird.
Nachts, wenn sie geschlos-
sen ist, paßt sie (mit der anderen Seite) sehr genau in den
Fußboden und macht die kleine obere En-
tree zu einem artigen Zimmerchen, wo im
Hintergrunde hinter weißem Vorhange das
Kammerjungfernbett verborgen sein und
diese auch in Sommertagen ihre Nähterei
am Fenster beschicken kann. Hieran stößt
dann mein eigentliches Quartier, ein heizba-
res Wohnzimmer, etwa um ein Drittel grö-
ßer wie Ihr Kabinettchen, und ein Schlaf-
zimmerchen, grade groß genug für das Nö-
tige, Bett, Waschtisch, Schrank, und noch
einigem Raum zu freier Bewegung. Sagen
Sie selbst, Elise, was bedarf ich mehr? Auch
fällt mir eben ein, daß ich statt des Eisen-
ofens im Wohnzimmer ja einen Kachelofen
kann mauern lassen, der das Kammerjung-
fernzimmer mitheizt, so daß ich diese zu
keiner Zeit um mich zu haben brauche.

Der Keller geht unters ganze Haus her
und ist sehr gut, so wie der Bodenraum

unterm Dache überflüssig geräumig, und es ließ sich dort leicht ein Verschlag herrichten, wo ich, der Sicherheit wegen, meinen Winzer könnte schlafen lassen, einen Mann, der sonst in der Stadt wohnt und außer der Besorgung der Reben für ein Gewisses nicht in meinem Dienste steht, aber dann gern für eine Kleinigkeit zu Bestellungen und sonstiger Aushilfe bereit sein würde. Einen Brunnen habe ich nicht, aber ein Bleichplätzchen und nicht hundert Schritte vom Hause eine Quelle, die Winter und Sommer fließt. Kurz, ich sage Ihnen, es ist allerliebst. Laßberg sagt: »Je mehr man es untersucht, je besser wird es.« Doch, Gemäuer, Fußböden, Türen, alles im besten Stande, von den Fensterläden nur zwei etwas schadhaft, aber in den Fenstern selbst vieles zu reprarieren, und dieses die einzige etwas bedeutende Ausgabe. Lieb Lies, ich habe Sie gewiß ermüdet mit meiner neuen Freude, wo Sie sich doch nicht recht hineindenken können. Zu etwas anderem! . . .

Wenns Wetter zur arg wird, will ich mich wenigstens ans Fenster stellen, was auf den See geht. Adieu, adieu.

Ihre treue Nette

Horst Wolfram Geißler

Am Ufer

Mählich traten die Berge zurück und das Land wurde weit, fruchtbar und schwellend wie ein Paradiesgarten. Bunte Kühe lagen käuend im Grase, braune Weizenfelder sonnten sich auf sanften Hügeln, und von Mittag her begann ein Wind zu wehen, so lind und weich, wie ihn Augustin noch nie verspürt hatte.

»Der Seewind, Bub!« sagte der Pfarrer aufatmend und warf schon einen Blick nach seinem Reisesack, »und da – halt dich fest – lueg! Der Bodensee!«

Die Landstraße bog nach Süden um, und hinter einer beiseiteweichenden Bergkulisse lag ganz fern, silberflüssig gleißend, die weite Fläche des Sees, mittagsruhig und erhaben, vor der blauen Dunstkette der Schweizerberge.

Der Gustl schaute, schlug die Hände zusammen und faßte seine Bewunderung zusammen in die bändersprechenden Worte:

»Da legst di nieder!«

Er hätte auch nicht viel weiter sagen können, denn beim Anblick des Zieles wurde der Pfarrer Knöpfle von einem erschrecklichen Reisefieber erfaßt; er stand auf und trat in dem rumpelnden Wagen hin und her, daß das Gefährt schwankte wie ein Meerschiff; er holte seinen Rucksack herunter, öffnete ihn, stopfte hinein, was er etwa herausgenommen hatte, schloß ihn, bemerkte, daß er noch einiges vergessen hatte, begann das aufregende Spiel von neuem und nahm dann die gleiche Prozedur mit dem Bündel Augustins vor, der mit großen Augen dasaß und fast fürchtete, es werde ein Unglück geschehen.

Immer näher kam der blanke Spiegel. Ein großes Schiff sah der Gustl auf dem Wasser stehen – und da, wahrhaftig, eine Stadt im Wasser, mitten im Wasser! Eben wollte er wieder hinausstaunen, daß dies zum Niederlegen schön und seltsam sei, als der Weg zwischen die Häuser von Äschach kam und

leider! nach rechts abbog, so daß die mär-
chenhafte Reichsstadt Lindau liegen blieb,
ohne vorerst die Ehre zu haben, Augustin
Sumser in ihre Mauern zu schließen. Das tat
ihm leid, als ob er beim Kramer ein Gutsel
gesehen hätte, das ihm niemand kaufte –
aber er tröstete sich mit dem Beschlusse, das

versäumte bei der ersten Gelegenheit nach-
zuholen.

Noch eine Weile lief die Straße nahe dem
Ufer entlang, und Augustin bestaunte ohne
Unterlaß dieses große, verheißungsvolle
Wasser.

Dann hielt der Wagen.

Der hochwürdige Herr betrat mit einem Seufzer der unbeschreiblichen Erleichterung den Heimatboden, ergriff sein Gepäck und seinen Neffen und steuerte mit solcher Geschwindigkeit dem Pfarrhause zu, daß der Bub nicht einmal Zeit hatte, sich seine Umgebung zu besehen.

Eine freundliche Haushälterin nahm die beiden und ihr Gepäck unter der Haustür in Empfang. Hochwürden führte den noch immer ziemlich verdutzten Gustl ins Wohnzimmer vor einen kleinen Hausaltar im Eck, sagte mit herzlicher Innigkeit: »Der liebe Herrgott segne deinen Eingang!« und drückte den Buben mit seiner guten, großen Hand so tüchtig auf den Kopf, daß ihm nichts übrigblieb, als niederzuknien. Dann beteten sie beide, teils wegen der glücklichen Beendigung der Reise, teils wegen einer angenehmen Zukunft, und Augustin war sehr bei der Sache; denn es gefiel ihm hier über die Maßen wohl, und er hatte sich mit dem Schicksal einstweilen wieder vollkommen ausgesöhnt.

Augustin bekam eine helle Dachkammer,

deren Fenster nach dem See schaute; er packte seine wenigen Habseligkeiten aus und ordnete sie unter Anleitung der Pfarrersköchin, welche Rosl hieß, in eine Kommode. Dann saß und stand er eine Weile verschüchtert im Hause herum, bis man ihm erlaubte, hinauszugehen, damit er die Gegend ein wenig kennenlerne.

Dies tat er sogleich und fand, daß es keinen schöneren Erdenfleck geben könne als den, so er sich klugerweise zur neuen Behausung erwählt hatte.

Ein wenig landeinwärts versteckte sich hinter Apfelbäumen das Dorf, eine Handvoll Dächer.

Die Kirche aber, und neben ihr das Pfarrhaus und der Friedhof, lagen auf einem kleinen spitzen Winkel, den die Erde in den See hinausgebaut hatte. Gegen die Mauern des Friedhofs plätscherten die Wellen, und von den Fenstern des Pfarrhauses hätte man über den kleinen Garten hinweg einen Apfel ins Wasser werfen können. So war das geistliche Revier eine wirkliche Wasserburg.

Der Gustl glaubte etwas Feineres nie gesehen zu haben und ermaß im stillen mit dem strategischen Genie seiner nunmehr fast sechsjährigen Seele, auf welche Weise man diese Burg am vorteilhaftesten gegen allenfallsige Seeräuberangriffe (diese waren das einzige der großen Welt, wovon er gelegentlich gehört hatte) werde verteidigen können. Er setzte sich auf die niedrige Gartenmauer, erkannte, daß ein böser Feind, so er da heranruderte, das steinerne Hindernis sehr leicht überwinden würde, und beschloß, zu gegebener Zeit diese Mauer um einige Ellen zu erhöhen und ihren oberen Rand mit Glasscherben zu versehen. Übrigens begriff er nicht, wie man bisher hatte so leichtsinnig sein können, diese notwendigste aller Vorsichtsmaßregeln außer acht zu lassen. Offenbar war es höchste Zeit gewesen, daß Augustin Sumser hierherkam, um Schlimmeres zu verhüten!

Aber dieser See! Fast weiß wie geschmolzenes Blei, das man durch einen Goldschleier betrachtet, lag er jetzt im Nachmittagslicht und trug unendlich sanfte Wellenlinien an die Mauer heran, die lautlos gegen die Steine stießen, suchend an ihnen entlangliefen und dann kummerlos zu ihren Schwestern zurücksanken. Das Schweizer Ufer, mit seinen Waldhügeln, hinter denen der große Säntis thronte, lag in lauter Flimmer und Schimmer. Zwei Fischerboote rückten langsam über den blanken Spiegel...

Und leider rückte von hinten der Ernst des Lebens heran in Gestalt des Pfarrers Knöpfle. Er kam durch den Garten, in behäbiger Fülle, frischgewaschen, mit wohlwollenden Falten in dem rasierten, runden Gesicht; und er hatte die Hände auf dem Rücken, weil er pädagogische Absichten hegte. Daß dieser Augustin Sumser mit allen Mitteln zu einer Leuchte der Wissenschaft herangebildet werden müsse, stand bei dem Pfarrer Knöpfle fest. Über das »Wie?« hatte er seine besonderen Gedanken, mit denen er demnächst völlig ins reine zu gelangen hoffte.

Einstweilen rief er schon von weitem: »Guschtl! Guschtl!« und zauberte einen hübschen roten Jakobi-Apfel hinter seinem Rücken hervor, den er als Köder für den wissenschaftlichen Angelhaken zu benutzen gedachte, welchen dieser ahnungslose Knabe nunmehr schlucken sollte.

Augustin kam und schluckte ihn ohne weiteres, den Stiel ausgenommen.

Dann setzten sie sich nebeneinander auf die Gartenmauer.

»Mein Sohn!« begann der hochwürdige Herr und räusperte sich. »Mein Sohn! Der Herr hat es also gefügt, daß ich dir gleichzeitig Vater und Mutter sein soll, was für einen einfachen Pfarrer gewiß keine Kleinigkeit ist. Indessen werde ich mein möglichstes tun, wofern du mich nur ein ganz klein wenig dabei unterstützen willst. Das Leben hat dich ernst angefaßt, und also ist es in Ordnung, daß ich mit dir, wiewohl du noch ein Kind bist, ernst rede. Hörst du auch her, Lausbub?«

»Ja!« antwortete Augustin und wandte seine Augen schleunig von einem Fischerboot ab, das in aufregender Nähe vorüberglitt...

»Also!« sprach der Oheim Knöpfle wieder, nicht ohne ihn einigermaßen strafend anzublicken, »jetzt sag' mir zuerst einmal: »Was hast du gelernt?«

»Nichts!« antwortete Augustin.

Wilhelm Raabe

Bregenz 1674

Am siebenten August des Jahres sechzehn-
hundertvierundsiebenzig als am Geburts-
tagsfeste des Schutzheiligen des Ortes und
der Gegend, des heiligen Gebhard, herrschte ein reges Leben in der alten Stadt Bregenz
am Bodensee und rings um dieselbe. Seit
langen Jahren hatte das Volk diesen Tag
nicht mit solchem Eifer und so fröhlichen
Herzens gefeiert wie heute. Schon am frühen Morgen hatte kaiserliches Geschütz von
der Klause über der Unnoth und bürgerli-
ches Böllergeknall von den Mauern der
Stadt und den umliegenden Höhen dem
Heiligen die gebührende Ehre gegeben,
und Glocken und Glöcklein aus Kirchen
und Klöstern waren schier den ganzen Tag
über nicht still geworden. Und es war ein
schöner, ein heiterer Tag, der ebenfalls dem

Heiligen alle Ehre gab. Leise spielten die
Wellen des großen Sees an die Ufer, und die
fernsten Berggiebel und Hörner des Graubündner Landes südlich über dem Rheintal,
die Roja, die Schwestern von Frastanz, die
Scesa plana, der Calanda und die Grau-
hörner blitzten mit ihren Schneefeldern im
heitern Licht herüber, während die näher-
zu aufgetürmten Riesen von St. Gallen und
Appenzell, der Gonzen, der Alwier, der
Kamor, der Hohenkasten und der alte Säntis mit allen Zacken und Rissen, ein mächtiger Bergkamm, in wundervoller Klarheit
sich vom blauen Himmel abhoben. Wer die
Hand über die Augen hielt, um dieselben
gegen das Glänzen und Leuchten des Wassers zu schirmen, der mochte selbst im fernen Hegäu die dunkeln Kegel des Hohentwiel und Hohenkrähen deutlich erkennen.

An der Kapelle am See, wo die Gebeine
der im Jahre 1407 gegen die Appenzeller
Hirten Gefallenen ruhen und wo der Graf
Wilhelm von Montfort mit allen Rittern des
St. Jürgenschildes nach dem gewonnenen
Siege kniete und der Ruf »Ehrguta! Ehr-
guta!« zum erstenmal hell hinausgerufen

wurde, um durch Jahrhunderte in den Gassen der alten Römerstadt Bregenz nicht zu verhallen, waren die Schiffe und Kähne der Gäste aus dem Allgäu und dem Thurgäu mit Seilen und Ketten angelegt. Viel Volk war aus dem Walde gekommen, und die Benediktiner von Mehrerau und die Pfaffheit in der Stadt mochten den Tag wohl loben; denn wie bei allen solchen, vom Wetter und dem Lebensmut der Menschen begünstigten feierlichen Gelegenheiten fiel mancherlei für sie ab, was sie gar wohl gebrauchen konnten und mit Dank und gutem Willen gern hinnahmen.

Wenn nun schon am Seeufer, wie gesagt, ein munteres Leben herrschte, so nahm dieses mehr und mehr zu auf allen Wegen, die zu dem grauen Mauerviereck der Römerstadt emporführten, wurde aber am buntesten auf den waldigen Pfaden, auf welchen man rechts von der Stadt die Höhe des Pfannenberges erreicht; denn dorthinauf oder -hinab mußte ja alles Volk, welches den heiligen Gebhard zu seinem Geburtstag grüßen wollte oder ihn bereits gegrüßt hatte. Wir gehen mit den Emporsteigenden, um nachher mit einem einzelnen Gaste des guten Bischofs wieder herabsteigen zu können.

Der Heilige würde sich sicherlich nicht wenig gewundert haben, wenn er heute die Stätte gesehen hätte, wo einstmals seine Wiege stand. Die Natur hatte wohl Zeit gehabt, ihre verschönernde Hand an das schlimme Denkmal der schwedischen Furie vom Jahre sechzehnhundertsechsundvierzig zu legen; allein alles hatte sie doch längst nicht auszugleichen vermocht. Da blickten die gewaltigen, zerrissenen, von der Flamme geschwärzten Mauern und Türme von Hohen-Bregenz immer noch grimmig auf den jungen, freudigen Waldwuchs, der sich zwischen und an sie gedrängt hatte, herab. Und wie manches gefiederte Samenkörnlein Wurzeln geschlagen haben mochte in den Schießscharten und leeren Fensteröffnungen, die grause Göttin Bellona lachte doch nur höhnischer durch die schwankenden Kräuter und den kletternden Efeu. Das Gras und die Herbstastern, die Königskerzen und die Sternblumen hatten noch nicht den Sieg gewonnen über den Brandschutt des wilden Feldmarschalls Karl Gustav Wrangel. Hätte das Volk eine ebensolche Miene gemacht wie die Geburtsstätte seines Heiligen auf der schönen, vorspringenden Kuppe des Pfannenberges, so wäre das Fest gewißlich nicht so heiter anzuschauen gewesen.

Aber die arme, gequälte Menschheit vergißt gottlob leicht und schnell. Die frohe Menge, die innerhalb der niedergeworfenen Burgmauern lagerte, den Wald ringsum füllte und auf allen Pfaden zog, ärgerte sich heute gar wenig an dem, was vor mehr als siebenundzwanzig Jahren geschehen war, und das historische Faktum diente höchstens noch einigen älteren Leuten zu einer nicht unannehmlichen Unterhaltung.

Freilich war die schwedische Hand auf den armen Mann und kleinen Bürger am Schluß des Jahres sechsundvierzig verhältnismäßig ziemlich leicht gefallen, denn der General Wrangel hatte an dem Adel und der Geistlichkeit so gute Beute gemacht, daß er das Geringere gern und willig an Ort und Stelle beließ. Die Geistlichkeit und der Adel hatten nämlich alle ihre Schätze und besten

Habseligkeiten weit aus dem Lande umher in die feste Römerstadt geflüchtet, und als der falsche Kommandant der Klause am See seine Tore verräterischerweise öffnete, da fand der Schwede alles recht ordentlich, hübsch und lieblich beieinander und mochte sich wohl die Hände reiben. Wer heute Schweden bereist und nach Skogkloster kommt, der wird daselbst wohl noch allerlei gute Dinge finden, welche der Wrangel damals aus Brigantium mit sich nahm und welche die Erben aus dem Allgäu und dem Vorarlberg nun doch wohl vergeblich zurückfordern möchten.

In der Mitte der Ruinen, auf der Stelle, wo seit dem Jahre 1723 die Kirche des einstigen Burgherrn von Hohen-Bregenz und spätern Heiligen steht, war heute am 7. August 1674 der Boden von Schutt und Trümmern gereinigt und für den festlichen Tag ein mit Blumen geschmückter, mit Lichtern besteckter Altar errichtet, an welchem die Benediktiner von Mehrerau der Feierlichkeit vorstanden. Hier befand sich der Mittelpunkt des Gewimmels, doch im weitern Umkreise war dasselbe auch nicht viel geringer.

Da waren in den verwüsteten Räumen der Burg, im grünen Grase, unter den Bäumen Tische und Bänke aufgestellt und Fässer zusammengerollt und aufgelegt, da gab es mancherlei gute Sachen für den Mund und die Augen, und die Geburtstagsgäste saßen an den Tischen und lagerten im Grase und drängten sich um die Fässer und feilschten an den Tischen der Verkäufer von Rosenkränzen und Kreuzen und Heiligenbildern, und an einem der Tische saß einer der Helden dieser Historia einsam und allein vor der Flasche und dem Glase und nickte mit dem Kopfe und blinzelte in das Gewühl seliglich, im Rücken gedeckt von einem rauchgeschwärzten Mauerwinkel, überschattet von einem Ahornstrauch, unbekümmert um das Glöckleinklingeln der Geistlichen, die Töne der Musik im Walde, das Jauchzen und helle Lachen der Buben und Mädeln – einer der beiden Helden dieser Historia, der brave Korporal *Sven Knudson Knäckabröd* aus Jönköping am Wetternsee, welcher zuerst mit dem großen Feldmarschall Karl Gustav Wrangel hierher gekommen war.

Carl Gustav Carus

Aus dem Reisetagebuch

Lindau, 3. August abends
Nachmittags war es, als wir auf einer Anhö-
he zuerst den Bodensee als dünnen Silber-
streif erblickten. Noch einmal wurde in
einem Dorfe vom Kutscher angehalten, und
von hier an wurde jetzt im Wirtshause der
Wein das einzig vorrätige Getränk. Fuhrleu-
te und wandernde Soldaten saßen in der
freundlichen, fensterreichen Wirtsstube im
lustigsten Sonnenschein bei Most und Mark-
gräfler- oder Seewein. – Eine Strecke weiter
fort, und das Rhein- und Bodenseetal öffnete sich den erstaunten Augen auf eine herrliche Weise. Ungeheuere, zu den Wolken, ja
über die Wolken aufsteigende Berge wurden im fernen Dust sichtbar, bei deren Anblick man sich fragte, ob denn wohl Berge
auch so gewaltig erscheinen könnten? Der

Weinbau zeigte sich dabei immer mächtiger, und auf dem weithin ausgedehnten Spiegel des Sees lag auf einmal Lindau mit seinen Wällen und Brücken vor uns. – Der Weg führte nun anhaltend bergab, die Hitze wurde drückender und die Vegetation üppiger. Unter den schönsten Wein- und Obstgärten näherten wir uns dem See, wo uns mehrere Fuhrmannswagen, mit Kirschkörben reich befrachtet, begegneten, und rollten endlich langsam über die lange, die Stadt mit dem Lande verbindende Brücke, indem wir uns zu beiden Seiten, vorzüglich aber in Süden, wo die herrlichsten Gebirge bis an den See heranragen, mit reichster Augenweide umgeben fanden. – Ein Altan

hinter unserem Wirtshause gewährte so herrliche Aussicht über Hafen und See, daß wir uns gleich dort niederließen, um zu zeichnen. Bei sinkender Sonne umgingen wir dann noch die Wälle der Stadt, welche weitläufige Weingärten mit einschließen. – Herrlich sank die Sonne in das nordwestliche Ende des Sees, badende Knaben sprangen von den Hafenmauern in die grünen, wenig bewegten Wogen, und über der schönsten Abendröte schimmerte das erste Viertel des Mondes, der See selbst aber streckte sich in zauberhaft duftigem Grau den Hochgebirgen entgegen. – Ja noch auf dem Heimweg gestaltete sich bei nun mächtiger werdendem Mondlicht das alte Hafentor mit seinem altergrauen Turm, zum anmutigsten Bilde.

Konstanz, 4. August abends
Durch die üppigsten Felder unter Obstbäumen, deren Stämme bis zur Krone hinauf mit Efeu umsponnen, und bei der köstlichsten, wärmsten, gewürzreichsten Luft, wanderten wir heute früh von Lindau den Weg längs dem Seeufer hinauf. Die Straße zog

sich dann höher an den Bergen hin, die Umgebungen wurden alltäglich, und die Hitze drückte gewaltig. In Friedrichshafen nahmen wir Post nach Meersburg, und dort mieteten wir abends ein kleines Fahrzeug, und so stießen wir mit einbrechender Dämmerung in dem von Kalkfelsen umgebenen kleinen Hafen vom Lande. – Ein günstiger Ostwind trieb uns jetzt langsam über die herrlich wogende smaragdgrüne Fläche des Sees; das allmählich immer heller leuchtende Mondviertel spiegelte sich in den zitternden Wellen, und die schönen Farben des Abendhimmels verglühten mehr und mehr vor der im Osten aufsteigenden Nacht. Oft verbarg nun das leichtgeschwellte Segel den Mond, das Spiegelbild seines Lichts erschien dann doppelt leuchtend, und so, unter mannigfaltigen Betrachtungen, landeten wir nach dreiviertel Stunden immer noch viel zu bald, in einer recht muntern Brandung an einem Dorfe vor Konstanz.

Wir hatten noch einen halbstündigen Weg zu Fuß zu machen. Unter dem köstlichen Sternenhimmel schritten wir bei stiller Nacht an manchem hohen Kreuz vorbei zwischen lauter Weingärten hindurch und endlich über die Rheinbrücke hin zu unserem Gasthof, Zum Adler.

Am Markte gewahrte ich noch im Vorübergehen den in den Sternenhimmel hinaufragenden Dom, dessen gotisches Portal von einer einzigen Lampe hell erleuchtet wurde.

Mittags auf dem Rhein

Der Konstanzer Dom hatte, seinem einfachen Stil gemäß, schon von außen wohltätig auf mich gewirkt, und als wir nun die Tür zum Turm entdeckten, wurde schnell der Entschluß gefaßt, bei dem köstlichen wol-

kenlosen Himmel seine Höhe zu ersteigen. Ein dienstfertiger Knabe zog für uns die Klingel, und bald schaute der Turmwächter über die schwindelnd hohe Galerie herab. Es wurde geöffnet, und mühsam erstiegen wir die 14 schlechten hölzernen Stiegen. – Hier nun aber auch die reizendste Aussicht über Stadt, Land und See! – Die Gegend mit ihren milden Hügeln, vielfachen Weingärten, schönen Feldern, vom breiten, große Inseln umfassenden Rhein durchschnitten, glich nordwärts einem Frühlingsgarten, wenn südwärts der schöne Spiegel des Bodensees unabsehlich sich ausdehnte. Eine Stelle der Turmgalerie, wo man den spitzen Glockenturm des Doms mitten vor sich hatte, und über das Kreuzdach der Kirche auf den das Sonnenlicht widerspiegelnden See hinausblickte, hielt mich besonders fest, und ich fing an zu zeichnen. – Nicht lange aber hatte ich so gestanden, da begannen die Glocken zu läuten, die feierliche Kirchenmusik, mit Gesang begleitet, klang aus dem Dom zu mir herauf, und alles stimmte zu einem großen andächtigen Chor zusammen.

Augenblicke dieser Art lassen sich im Leben zählen; sie kommen selten, und es ist immer gleich gesorgt, daß irgendeine Störung folge, um uns von solchen Flügen wieder zur Erde herabzubringen. So auch hier; der Turmwächter trat mit seinen Ortserklärungen hervor, zeigte ausführlich die Stelle, nordwestlich der Stadt, wo im Jahre 1415 Hus verbrannt worden war, machte das Haus bemerklich, wo das ihn verurteilende Concilium gehalten wurde, und fort war die höhere Stimmung. – Man führte uns dann zu dem Hause, wo Hus gewohnt hatte, sein Brustbild, in Stein gehauen, schaut dort aus der Mauer; sein Andenken ist dauerhafter.

Im ganzen ist Konstanz ein verfallener, winkeliger, trauriger Ort, und alle Bemühungen der Regierung, ihm aufzuhelfen, sind bis jetzt vergeblich gewesen. – Der Schiffer selbst, der uns zur Rheinfahrt abholte, ein bejahrter wohlbeleibter Mann, sprach es aus: »Es leide die Stadt um des unschuldig Gemordeten willen; der Fluch dieser Tat hafte noch immer auf ihren Bewohnern.«

Friedrich Sieburg

Glück und Kummer durch
weiße Haare

Inzwischen ist Madame Récamier auf dem
Wege nach Konstanz. Sie hat lange gezögert,
ob sie die Reise unternehmen soll. Es fällt ihr
schwer, ihre Gewohnheiten zu unterbre-
chen und ihre Wohnung in der »Abtei« zu
verlassen, die, wie Ballanche sagt, für ihre
Freunde »der Mittelpunkt der Welt ist, wie
der Tempel von Delphi einst für die Grie-
chen«. Ihre Freundin, Madame de Boigne,
die allerdings für Chateaubriand keine großen Sympathien hegt, warnt sie: »Das Leben
in unserem Alter ist so schwer erträglich zu
machen, daß man nicht daran rühren sollte,
wenn man es einigermaßen eingerichtet hat,
vor allem, wenn es so wenig Gleichheit gibt
zwischen dem, was man gibt und dem, was
man empfängt.«
Aber Juliette kann dem Wunsch, ihren

geliebten Dichter wiederzusehen, nicht lange widerstehen. An einem späten Augusttage treffen sie sich in Konstanz, sie sitzen lange Hand in Hand auf einer Bank und schauen schweigend auf die still schimmernde Fläche des Sees.

Juliette ist jetzt fünfundfünfzig Jahre alt, Chateaubriand vierundsechzig. Seit fünf-

zehn Jahren lieben sie sich mit einem Gefühl, das längst die hohe Form der Freundschaft angenommen hat. Die vielen Untreuen und Lügen, die ihr der Dichter zugemutet hat, haben kaum je den Kern ihrer Liebe berührt. Er ist nach wie vor der Mann, auf dessen Gesicht sie am deutlichsten den Abglanz ihres Wesens sieht und der ihr am schönsten und tiefsten sagt, wie schön sie ist und welche Macht sie über sein Leben hat. Für beide ist es zu spät, noch nach dem Ursprung dessen zu forschen, was sie verbindet; sie können ohne einander nicht mehr leben.

Mit gedämpfter Stimme liest er ihr im Angesicht des unendlichen Geleuchts aus See und Licht die Seiten vor, die er jüngst im Gebirge geschrieben hat. Die Leidenschaft dieser Prosa schlägt ihr wie eine Flamme entgegen und beunruhigt den Frieden, den sie ihm gibt. Sie spricht mit ihm von dem Leben, das ihnen noch bevorsteht, sie spricht vom Tode, da sie weiß, daß er in den Tod gleichsam verliebt ist, er hört besänftigt zu, dann schreibt er in ihr Notizbuch: »Ich will noch lange die Sonne sehen, wenn ich mein Leben bei Ihnen beschließen kann. Mögen meine Tage zu Ihren Füßen erlöschen wie diese Wellen, deren Gemurmel Sie lieben.

28. August 1832.«

Hans Leip

Wir auf der Hub

Die Südkante des Bodensees gehört der
Schweiz. Von der letzten Brücke über den
Alpenrhein bei Fussach bis zur ersten über
den Hochrhein bei Stein am Rhein. Dazwischen, runde 60 Kilometer, taucht der
Rhein unter den Seespiegel. Nur bei der
Spange Konstanz tritt er noch einmal kurz
hervor. Daß es dort eine fremde Enklave ist,
südlichster deutscher Brückenkopf, der auf
das Schweizer Ufer vorstößt, möchte jeden
Eidgenossen verdrießen, schon wegen der
Zollbelästigung. Ging es doch jahrhunderte-
lang auch ohne Grenze. Aber es ist doch
auch, so nahebei, ein nicht unnettes Aus-
land, fast eine internationale Weltstadt
mit vieler Augenweide, Darbietungen und
Spielkasino, das alles gewürzt überdies
mit dem unauslöschlichen mittelalterlichen

78

Dunst verbrannten Märyrerfleisches und dem Parfüm der 20 000 Willfährigen, die zum berüchtigsten aller Konzile geeilt. So oder so aber gliedert die Einschnürung den Bodensee in den Obersee und den Untersee. Der eine bietet einen raschen Ozeanersatz, der andere hat an landschaftlicher Köstlichkeit kaum seinesgleichen.

Das Klima, vom großen Gewässer gedämpft, in vier mild geprägten Jahreszeiten nicht zu naß, nicht zu trocken, ist der gängigen mitteleuropäischen Land- und Forstwirtschaft zuträglich, insbesondere dem Stein- und Kernobst und selbst einer robusten Rebe. Und den Blumengärten, die bis in die Bahnhöfe hinein gepflegt werden. Und, nicht zu vergessen, den wunderbaren Mischwäldern. Die Lüfte ähneln oft denen nördlicher Küsten. Einige hundert Meter Höhe gleichen die südlichere Lage aus. Der leichtere atmosphärische Druck aber fördert das Heitere. Auf dieser Voralpenterrasse fühlten sich schon die römischen Feldwachen so wohl wie nach ihnen die von Norden und

Westen hergelangten Missionare. Beider Bauspuren finden sich an den hervorragendsten Punkten. Spätere Feinschmecker brauchten nicht lange zu fahnden, wohin sie ihre Hausungen zu setzen hatten. Uferlängs gibt es kaum einen Ort, der nicht ein oder mehrere Klösterli oder Schlößli aufzuweisen hätte oder zumindest deren Ruinen. Soweit sie nicht nach dem sozialen Einbruch, der von Frankreich über Europa kam, von Privathand zu Privathand wechselten, nützen sie heute der Allgemeinheit als Altersheime, Spitäler, Erziehungsanstalten, Museen, Restaurants oder was sonst den Gemeinden erbötig deucht.

Allen diesen vormals klerikalen oder adligen Wohnsitzen eignet neben der reizvollen Architektur die unverwüstliche Aura der Lage, selbst noch in Steckborn, wo die Grundmauern der Zisterzienserinnen einer Kunstseidenfabrik als Untersatz gereichen. Aber auch die Bürger wußten hübsch zu bauen, und von Bomben und Feuersbrünsten verschont steht nicht nur im wunderschönen »Stei am Rhy« manch prächtiges und bemaltes Riegelhaus.

Wir auf der Hub, oberhalb Ermatingens, sind den Chorherren von St. Johann zu Konstanz dankbar. Ihr Mundschenk Hans Pfefferhart, genannt Zorn, hatte nicht nur eine Nase für Wein und Unzulänglichkeiten, als er um 1350 sich den kleinen Sommersitz auf dem grünen Kap zwischen Tobelwald und Seehang leistete. Die Sicht reicht vom Hohentwiel bis zu den Vorarlberger Kämmen. Man hat die Insel Reichenau vor sich, den Unter- und Gnadensee, einen Glitz Obersee und das vielhügelige deutsche Ufer von der Mettnau bis zu den fernzarten Doppeltürmen der Friedrichshafener Schloßkirche. Über dem beachtlichen Panorama vollziehen die Wolkenspiele ihre atlantisch-mediterrane Verbrüderung. Denn der Bodensee liegt sozusagen im goldenen Schnitt zwischen Nordsee und Mittelmeer.

Unser Nachbar auf der nächsten Kuppe ist der vom Wolfsberg, bekannt durch seine Waffensammlungen und Kriminalromane, der Schweizer Oberst und Schriftsteller Schwertenbach. Vormals saßen dort wie auf der Hub und auf Burg Salenstein die Edlen von Breitenlandenberg. Salenstein, fast so gut erhalten wie Hohenklingen über Stein, wurde schon ums Jahr 1000 von einem Unterschenk der Abtei Reichenau auf steilem Molassefelsen erbaut. Der Hof mit den Gesindewohnungen sieht noch immer aus wie ein Aquarell von Dürer. Hundert Schritt tiefer liegt das Gasthaus »Zum Hirschen«, wo die muntere Wirtin für beste Küche sorgt.

An den Rebhängen vorbei – sie liefern einen angenehmen Sylvaner Riesling – gelangt man nach Arenenberg, vormals Sommersitz der Exkönigin Hortense von Holland, Schwägerin und Stieftochter des größeren Napoleon. Der kleinere verbrachte hier manchen Sommer, unternahm auch von hier über Straßburg seinen Putsch gegen Paris, der mißglückte. Dennoch wurde er später Kaiser. Seine Kaiserin, Eugenie, schenkte das Schlößchen der Dorfgemeinde.

Entzückt vom unverwelkten Liebreiz der thurgauischen Gefilde war auch Eugen,

Bruder der Hortense, Vizekönig von Italien, gleich ihr, entrechtet und heimatlos, gastlich aufgenommen von der Schweiz. Mit gerettetem Vermögen, nach dessen Herkunft niemand fragte, ließ er Anno 1819 Schloß Eugensberg erstellen. Heute ist der schöne Empirebau Erholungsheim, von Diakonissinnen geleitet. Die leichtgeschürzten Genien der Stuckornamentik vertragen sich brav mit der Schwesterntracht. Zu dem riesigen Park gehört auch der Altan der Sandegg mit unvergleichlichem Blick über das Radolfzeller Seebecken in den Hegau und den Sonnenuntergang. Um 725 hatte der fränkische Landvogt hier seine Burg. Elfhundert Jahre später übernahm eine Hofdame der Hortense die Baulichkeiten. Bei der Herrichtung fielen sie restlos den Flammen zum Opfer samt dem italischen Maler, der den frischen Zimmeranstrich über Nacht mit offenem Feuer zu trocknen gedacht. Darauf heiratete das französische Fräulein zum Wolfsberg hinüber, wo ein Adjutant Bonapartes, ähnlich wie Rainville zu Altona, ein lukratives Lokal eröffnete. Denn das unweit am »Blümlistobel« gelegene Nonnenklösterli hätte sie kaum gereizt; es war zudem längst nur noch in Flurnamen bezeugt. Doch der Name der letzten Oberin blieb unvergessen, der Augustinerin Eva; man hatte sie um 1520 wegen freimütiger Äußerungen eingesperrt. Damals nämlich hatten sich gewisse Erkenntnisse verbreitet, derentwegen der Prager Professor Jan Hus, keine zwei Wegstunden entfernt, an hundert Jahr zuvor, Anno 1415, gefänglich auf dem finstern Dachboden des Schlosses zu Gottlieben gesessen, obschon ihm sicheres Geleit zugesagt gewesen gen und von Konstanz. Der Wortbrecher aber und Einberufer des Konzils saß ebenfalls dort, wenn auch im Keller, Papst Johann XXIII., vormals napolitanischer Matrose, höchstselber reformbedürftig, wie Hus es so unbequem allgemein verlangt. Der Papst – einer von dreien, die einander den Heiligen Stuhl strittig machten – hatte vorgezogen, der Untersuchung auszuweichen. Verkleidet war er entwichen. Zu Ermatingen hatte ihn Pfarrer Kofer mit einem Fischgericht aus Groppen gestärkt, am Sonntag Lätare, weshalb noch heute dort eine verspätete Fastnacht gefeiert wird. Man schiebt aber lieber einem legendären Bischof die Ursache zu als dem anrüchigen Statthalter Petri, der bei Schaffhausen dann erwischt wurde, ehe er sich rheinab aufs neue der Schiffahrt widmen konnte. Immerhin starb dieser entschiedene Sünder wohlgefällig als Kardinal von Tusculum, indes der fromme Hus auf den Scheiterhaufen mußte, dem Jahrhundert zur Schande. Sein furchtloser Geist soll lange im Gottlieber Schloß gespukt haben, bis endlich die jetzige Besitzerin, Lisa Della Casa, ihn mit himmlischem Gesange besänftigt hat. –

Anno 1499 tobte seelängs der Schwabenkrieg, daran auch Götz von Berlichingen und Franz von Sickingen teilhatten. Trotz dieser Helden nennt man hier seitdem gern alle Deutschen Schwaben (wie die Kakerlaken), ausgenommen die seit je demokratischen Hanseaten. Der Baseler Friede jenes blutigen Jahres aber begründete am 22. September die freie Schweiz.

Im Dreißigjährigen Krieg schlugen die Schweden regelrechte Seeschlachten auf dem Obersee, landeten auch bei Münsterlingen und taten den Benediktinerinnen viel Leides. Deren Kloster war Anno 997 von Angela, der Tochter des englischen Königs Edmund Ironside, gestiftet worden. Sie wollte ihren Bruder, den Abt von Einsiedeln, besuchen und hatte den See, der sich bei Fallwind fast so heftig wie die Nordsee zu gebärden vermag, durch das Stiftungsgelübde überredet, das Schiff nicht zu verschlingen. Nunmehr finden Asyl dort solche, deren Vernunft in den Stürmen des Daseins scheiterte. Ein späteres Kloster droben im Ort dient als Spital körperlich Kranker.

Das Christentum in den Seegefilden aber landete zuallererst in Arbon. Es kam nicht ultramontan, sondern auf dem Umweg über den Norden. Beim verlassenen römischen Militärposten Arbor felix, dem glücklichen Lindenbaum, entstieg Anno 612 der irische Wanderprediger Gallus dem Nachen. Sein Ziel hieß zweifellos Rom. Aber er verhielt, baute eine Zelle, lernte Schwyzerdütsch und lehrte das »Liebet eure Feinde«. Auf ihn fußt die weithin strahlende Sankt Galler Kultur und deren Klosterbücherei und vielleicht sogar die Leinen- und Spitzenindustrie, geeignet, Hirten als Engel zu kleiden. –

Karl Martell, Welteroberungslust christlich tarnend, dehnte die fränkische Macht kraft seiner Reiterheere bis an die Alpen aus. Noch ehe er den Arabern Anno 732 den ähnlich bewegten Appetit beschnitt, schenkte er im gleichen Jahre einigen durch die Mauren vertriebenen spanischen und südfranzösischen Mönchen die Insel Reichenau nebst Gewässer, Schweizer Ufer, Leuten und Fischen. Die Abtei, bald weit berühmt durch ihre Gelehrten und Künstler, verlieh Fischereirechte, erhob Tribut an Edelfängen und Bleßhühnern – letztere für den Winter in Fässern pökelnd – und stellte die Ermatinger als Fährknechte an. Heute gilt Ermatingen als das letzte eigentliche Fischerdorf am Bodensee. Es wird dort noch mit der ältesten Zugnetzsorte des Abendlandes gefischt, dem 180 Meter langen Klusgarn. Und die Fischrezepte der zahlreichen Wirtsstuben stammen noch aus der benediktinischen Klosterküche. Zu seinem Karneval, der »Groppenfasnacht«, gesellt sich im November ein weiteres Fischfest, das »Gangfischschießen«. Wie im Schwabenkrieg strömen Schützen aller Kantone herbei, um die damals zu Ermatingen erlittene Scharte wenigstens auf der Scheibe auszuwetzen. Als Preise gibt es den schmackhaft forelligen Fisch, der – ehe die chemischen Abwässer ihn vergrämten – in massenhaften Gängen zum Laichen auf die »Weiße« strebte, auf den Randschelf, in der »Dreimeilenzone« des Sees, die 25 Meter beträgt. Eine Fangzeit erbrachte einmal runde 80 000 Stück Gangfisch. Und die letzten Fangergebnisse im Untersee lassen erkennen, daß die Gangfische sich in den vergan-

genen Jahren erstaunlich »erholt« haben: sie stehen in der Statistik für 1958 hinter dem Egli (14 152 kg) überraschend an zweiter Stelle (11 423 kg); dann folgen Hechte, Weißfelchen, Weißfische, Blaufelchen, Trüschen und all die anderen – die Fischer des Untersees konnten 1958 insgesamt 60 700 kg Fische fangen.

Fisch- und Obstdüfte mischen sich verträglich um den Uferweg, der sich autofrei von Ort zu Ort durch die wechselreiche Staffelung der Gefilde zieht. Er weitet sich manchmal zu Parks und Promenaden, führt zu Badestränden, Kurkonzerten, Kunstausstellungen und Monsterfeuerwerken und wird unterbrochen von tüchtigen Häfen zu Kreuzlingen, zu Romanshorn und zu Rorschach. Es blüht der Austausch von Menschen und Gütern unter den Flaggen dreier Nationen. Umsatz ist seelängs ein fast hanseatischer Begriff geworden. Der so früh ans Geistige entrichtete Zins zahlt sich rechtschaffen zurück, Verkehr und Lebensweise wandelnd, indes die Maler und Lauscher wie je dastehn, benommen vom ungebrochenen Zauber dieser Landschaft.

Gustav Schwab

Der Reiter und der Bodensee

Der Reiter reitet durchs helle Tal,
  Auf Schneefeld schimmert der Sonne Strahl.
Er trabet im Schweiß durch den kalten Schnee,
  Er will noch heut an den Bodensee;
Noch heut mit dem Pferd in den sichern Kahn,
  Will drüben landen vor Nacht noch an.
Auf schlimmem Weg, über Dorn und Stein,
  Er braust auf rüstigem Roß feldein.
Aus den Bergen heraus, ins ebene Land,
  Da sieht er den Schnee sich dehnen wie Sand.
Weit hinter ihm schwinden Dorf und Stadt,
  Der Weg wird eben, die Bahn wird glatt.
In weiter Fläche kein Bühl, kein Haus,
  Die Bäume gingen, die Felsen aus;
So flieget er hin eine Meil' und zwei,
  Er hört in den Lüften der Schneegans Schrei;
Es flattert das Wasserhuhn empor,
  Nicht anderen Laut vernimmt sein Ohr;

Keinen Wandersmann sein Auge schaut,
  Der ihm den rechten Pfad vertraut.
Fort gehts, wie auf Samt, auf dem weichen Schnee,
  Wann rauscht das Wasser, wann glänzt der See?
Da bricht der Abend, der frühe, herein:
  Von Lichtern blinket ein ferner Schein.
Es hebt aus dem Nebel sich Baum an Baum,
  Und Hügel schließen den weiten Raum.
Er spürt auf dem Boden Stein und Dorn,
  Dem Rosse gibt er den scharfen Sporn.
Und Hunde bellen empor am Pferd,
  Und es winkt im Dorf ihm der warme Herd.
»Willkommen am Fenster, Mägdelein,
  An den See, an den See, wie weit mags sein?«
Die Maid, sie staunet den Reiter an:
  »Der See liegt hinter dir und der Kahn.
Und deckt ihn die Rinde von Eis nicht zu,
  Ich spräch, aus dem Nachen stiegest du.«

Der Fremde schaudert, er atmet schwer:
  »Dort hinten die Ebne, die ritt ich her!«
Da recket die Magd die Arm in die Höh:
  »Herr Gott! so rittest du über den See!
An den Schlund, an die Tiefe bodenlos,
  Hat gepocht des rasenden Hufes Stoß!
Und unter dir zürnten die Wasser nicht?
  Nicht krachte hinunter die Rinde dicht?
Und du wardst nicht die Speise der stummen Brut?
  Der hungrigen Hecht' in der kalten Flut?«
Sie rufet das Dorf herbei zu der Mär,
  Es stellen die Knaben sich um ihn her;
Die Mütter, die Greise, sie sammeln sich:
  »Glückseliger Mann, ja, segne du dich!
Herein zum Ofen, zum dampfenden Tisch,
  Brich mit uns das Brot und iß vom Fisch!«
Der Reiter erstarret auf seinem Pferd,
  Er hat nur das erste Wort gehört.
Es stocket sein Herz, es sträubt sich sein Haar,
  Dicht hinter ihm grinst noch die grause Gefahr.
Es siehet sein Blick nur den gräßlichen Schlund,
  Sein Geist versinkt in den schwarzen Grund.
Im Ohr ihm donnerts, wie krachend Eis,
  Wie die Well' umrieselt ihn kalter Schweiß.
Da seufzt er, da sinkt er vom Roß herab,
  Da ward ihm am Ufer ein trocken Grab.

Heinrich Hansjakob

Seeprozession

So merkte ich immer mehr, daß mein Sakristan nicht unter die Dummen auf Erden zählte, und ich trat ihm auch außerdienstlich näher.

Zunächst interessierte mich sein Lebensgang bis zu dem Tag, da wir uns zum erstenmal trafen. Bald dies, bald jenes erzählte er aus der Vergangenheit, und all das gab schließlich das folgende Bild.

Der groß' Kübele entstammte einem alten Rebmannsgeschlecht, das, soweit dessen Sippen zurückdenken konnten, im Dienste des Klosters Salem Reben baute und so sein Auskommen hatte. Als der Konrad, so hieß mein Sakristan, 1812 zur Welt kam, war die Klosterherrlichkeit zu Ende, und er hörte nur noch davon erzählen. Sein Vater hatte ein eigenes Haus und von den Klosterreben einige Stücke billig zu eigen bekommen und trieb so seinen alten Beruf als Rebmann weiter, auch nachdem das Kloster durch napoleonischen Machtspruch aufgehoben und den nachgeborenen Prinzen des Hauses Baden geschenkt worden war.

Der Konrad war aber noch nicht zwei Jahre alt, da seine Mutter starb. Ein Bruder seiner Mutter, Martin Zinsmaier, der ein Häuschen im Oberdorf besaß und ebenfalls Rebmann war, nahm, weil kinderlos, den Knaben in sein Haus und hielt ihn wie sein eigen. – Aus seiner Kinderzeit blieb dem großen Kübele vorab das Hungerjahr 1817 in Erinnerung mit seinem Kleienbrot und den gekochten Brennesseln.

Im gleichen Jahre hatte auch der Bodensee seinen höchsten Stand seit Menschengedenken und überschwemmte das ganze am See gelegene Unterdorf. Die Unterdörfer, in deren Kellern überall Wasser stand, profitierten allein davon zur Stillung ihres Hungers. In der Nacht kamen nämlich in die Kellerräume allerlei Fische angeschwommen, die dann, am Morgen gefangen, gute Speise gaben in der teuern Zeit.

Aber trotz Hunger und Überschwemmung ging bei den Hangouern die Poesie nicht unter. Da die Straßen im Unterdorf fußhoch unter Wasser standen, beschlossen die Bürger, zum Andenken alle Schulkinder in einem großen Segelschiff durch das ganze Unterdorf führen zu lassen. Es geschah, und die hungrigen Kinder hatten die größte Freude; unser Konrad aber weinte, weil er nur zusehen und nicht mitfahren durfte, da er noch nicht in die Schule ging.

An das Hungerjahr 1817, diese seine schmerzlichste und erste Jugenderinnerung, knüpfte aber mein geistreicher Sakristan eine psychisch-somatische (seelisch-leibliche) Entdeckung. Er sagte mir, daß er von jenem Jahre an, wo er immer Hunger gehabt, stets eine übermäßige Lust nach Essen in sich verspürt habe, so daß er bis zur Stunde jeden Tag zweimal zu Mittag und zweimal zu Nacht essen könnte. Diese Eßmanie sei aber zweifelsohne ein Erbstück von anno 17 her. So wie man aus einer Zeit, räsonierte er ganz geistreich, Gedanken fasse und erbe und sein Lebtag behalte, so könne man auch den Hunger erben aus einem Hungerjahr, wie den Durst von einem trunksüchtigen Vater.

Er selbst habe in den vierziger Jahren aus der Zeitströmung seine freiheitlichen und demokratischen Ideen in den Kopf bekommen und dieselben seitdem so wenig verloren, als seinen Appetit seit 1817. –

Das zweite wichtige Ereignis seiner Jugendzeit traf ihn im Jahre 1830. Es war die Überfrierung des Bodensees und die berühmte Prozession der Hagnauer Schulkinder übers schwäbische Meer. Der größte junge Bursche im Dorf war damals unser Konrad und deshalb wurde er zum Fahnenträger ernannt, der vor den Kindern einherschreiten sollte.

Poesie und Religion sind stets im Volke daheim, und jenen beiden Genien verdankte die »Seeprozession« ihren Ursprung, und um ihretwillen allein verdienten die alten Hangouer, nicht vergessen zu werden.

Eine fast drei Stunden breite Wasserfläche von einer Tiefe von 200–800 Fuß trennt das Dörfchen Hagnau vom ehemaligen thurgauischen Benediktinerinnenkloster Münsterlingen am See. Zwischen diesem

Kloster und dem Dörfchen Hagnau bestand nun seit alter Zeit eine eigenartige Vereinbarung. Sooft nämlich der Bodensee zufror, was nicht jedes Jahrhundert vorkommt, wurde ein hölzernes Brustbild Johannes des Evangelisten über den See getragen, d. h. da geholt, wo es bei der letzten Prozession hingebracht worden war. Anno 1830 holten die Hagnauer das Bild in der Schweiz, trugen es heim und postierten es auf dem Rathaus.

Ich habe das interessante Bild im Jahr 1880 vom Rathaus wegnehmen und in der Kirche aufstellen lassen, um es zugänglicher zu machen. Seine Übertragungen sind auf dem Postament also erzählt:

»Diese Bildnis ist anno 1573, den 17. Februar, als der Bodensee überfroren war, von Munsterlingen nacher Hagnau übertragen und dort auf das Rathaus gesetzet worden. Nach hundert Jahren wurde sie bei überfrorenem See wieder hierher (nach Münsterlingen) gebracht. Anno 1796 aber zur Zeit des Franzosen-Kriegs das zweite Mal zurückgestellt und renoviert von F. X. Faivre.«

»Am 5. Februar 1830 wurde dasselbe bei

97

überfrorenem See von Münsterlingen in Begleitung der geistlichen und weltlichen Vorgesetzten sowie der Schuljugend nach Hagnau übertragen.«

Das seltene Ereignis der Überfrierung des Sees wurde 1830 in Hagnau von der Natur selbst angekündigt. In der Nacht vom 1. auf den 2. Februar erscholl vom See her ein so fürchterliches Tosen und Donnern, daß die Hagnauer aus ihren Betten sprangen.

Am Morgen sahen sie oberhalb des Dorfes am Ufer ungeheure Eishügel aufgeschichtet; ein gewaltiger Felsblock war aus der Tiefe des Sees heraufgeschleudert worden und lag auf dem Eis. Die Pfähle der einstigen Pfahlbauten, die sonst zahlreich am Ufer in der Tiefe sichtbar waren, schwammen losgerissen zwischen den Eisblöcken.

Ein Tag später und der See war gänzlich überfroren. Zwei Hagnauer waren die ersten, die über das Eis nach dem drei Stunden entfernten Schweizerdorf Altnau gingen und dort selbst von den prosaischen Schweizern mit Denkmünze und ehrendem Zeugnis ihres Mutes gekrönt wurden. Einer von ihnen, und zwar der erste, der drüben ankam, war, wie wir wissen, Hanne, der Fürst.

Schon am 4. Februar kam die Schuljugend des genannten Schweizerdorfes mit dem Lehrer und den Schulpflegern übers Eis nach Hagnau. Am 5. Februar wagten sogar drei Schulen von thurgauischen Dörfern mit den geistlichen und weltlichen Vorgesetzten herüberzukommen und bewunderten den Felsblock, dessen Eruption am ganzen Seeufer war gehört worden.

Die Kühnheit wuchs, und bald kamen Leute mit Schlitten und Reiter im Galopp über die Eisdecke daher.

Jetzt beschloß der Hagnauer Gemeinderat, die Prozession auszuführen und das Bild des Johannes in Münsterlingen zu holen. Am 6. Februar mittags 12 Uhr ward abmarschiert, 100 Schulkinder, Pfarrer, Vogt und viele Eltern bildeten die Prozession. Den alten Kaplan Gseller, der nicht gehen konnte, zogen Schulbuben auf einem Schlitten hintendrein.

Es existiert über diese Prozession ein reizendes Bild, das ich selber besaß, gezeichnet von dem alten Ratschreiber Model: voraus der Pfarrer und der Vogt mit langen Pfeifen – selbst der Kaplan schmaucht auf seinem Schlitten –, die Büblein und Mägdlein, Männer und Frauen in ihrer alten, schönen, leider längst verschwundenen Volkstracht folgen nach.

Unterwegs sollte aber ein Stück neuer Poesie gegründet werden. Weil die Schuljugend des oberhalb Münsterlingen gelegenen Dorfes Altnau die erste gewesen war, welche am badischen Ufer Besuche gemacht hatte, wurde zuerst den Altnauern ein Gegenbesuch zugedacht und ausgeführt.

Die poetischen Hangouer von dazumal hatten ein Bild des Heilandes mitgebracht und den Schweizern mit dem Bemerken übergeben, »es möchte dasselbe in der Schule zu Altnau als ein Andenken dieser seltenen Begebenheit aufbewahrt werden, bis der See einst wieder überfrieren würde, wo es unsere Nachkommen alsdann von ihren Nachkommen über den Bodensee abholen würden«.

Genau fünfzig Jahre später, fast um die gleichen Tage, überfror der See wieder.

Aber niemand dachte an das Bild in Altnau,
und von Münsterlingen kam auch niemand,
um den hl. Johannes zu holen. Wir sehen
daraus, wie Gemüt und Poesie seit einem
halben Jahrhundert in der Welt abgenom-
men haben.

Doch die jungen Hangouer von 1880
zeigten noch etwas Poesie. Neun Burschen,
welche als die einzigen im Dorfe über den
gefrorenen See in die Schweiz gegangen
waren, wälzten den Felsblock von 1830, der
seitdem einsam bei der Mündung des Dorf-
baches am See gelegen hatte, mit vieler

Mühe ins Mitteldorf herauf und setzten ihn an die Straße als Monument zur Erinnerung an die Eiszeiten von 1830 und 1880 und an sich selber, indem sie ihre Namen in den Stein gruben.

Ich sollte einen Vers auf das Denkmal machen, bin aber allzeit ein schlechter Dichter gewesen; darum ersuchte ich den nächst Scheffel größten Poeten am Bodensee, den Münsterpfarrer Brugier von Konstanz, und von ihm stammt, was auf den Stein über den eingehauenen Namen der neun jungen Männer heute geschrieben steht und also lautet:

> *Als anno dreißig brach das Eis,*
> *Entfloh ich meinem Wassergrab,*
> *Ruht' aus am Dorfbach fünfzig Jahr'.*
> *Wer jetzt den Ehrenplatz mir gab?*
>
> *Lies hier die Neun, die Unverzagten,*
> *Die heuer übern See sich wagten. –*

Als die alten Hangouer anno 1830 am Nachmittag des 6. Februar ins Kloster Münsterlingen kamen, wo damals noch Klosterfrauen wohnten, wurden sie gar wohl aufgenommen und jung und alt mit warmer Suppe und dann mit Brot und Wein erquickt. Aber da der Vogt und der Pfarrer das Bild des Evangelisten verlangten, um es »vertragsgemäß« über den See zurückzubringen, wurden die Klosterfrauen sehr traurig und wollten sich nicht von ihrem Johannes trennen.

Die Hangouer beriefen sich auf das alte Herkommen und versprachen, ein anderes Andenken dafür zu schicken, worauf endlich die Herausgabe erfolgte.

Freudig machte sich nun die Prozession wieder auf ihren Eisweg der Heimat zu — der große Kübele voran. Es war Nacht, als sie dem Dorfe sich näherten. Da die Leute vom Lande von den vielen Kinderstimmen hörten, daß die Wallfahrer mit dem heiligen Bilde kämen, wurden alle Glocken geläutet, und unter dem Jubel des ganzen Dorfes zog man mit dem alten Gast in die Pfarrkirche ein

Gleich am folgenden Morgen mußten zwei »Gerichtspersonen« (Gemeinderäte) ein Bild des Heilandes nach Münsterlingen tragen als versprochenes Andenken.

Emanuel von Bodman

Die Reichenau

Versunken steht die lange Reih
Der Pappeln,
Als ob das Leben ewig sei,
Auf ihrem Damm. Sie schaun sich an
Im stillen See,
Im stillen See die Pappeln.

Ans Ufer schwellen und zurück
Die Wellen.
Im Fließen glänzt und stirbt ihr Glück.
Und immer ist die helle Flut,
Auch wenn sie gehn
Und dunsten, voller Wellen.

Verschwiegen klingt im Inselrund
Die Glocke,
Als grüße sie mit goldnem Mund.
So läutet sie zu Tag, zu Nacht
Im stillen See,
Im stillen See den Menschen.

Theodor Heuss

Die Insel

Es wäre nicht notwendig gewesen, daß man
vor hundert Jahren einen breiten Damm
aufschütten ließ und die kilometerlange
Pappelallee durch das Wasser führte – denn
jetzt haben wir den Segen. Wenn man unter
dem herrlichen Lindendach vor dem »Moh-
ren« im Flackerlicht seinen Traminer trinkt
und rings die Nacht mit schwarzen Schatten
steht, kann es passieren, daß von Konstanz
her die grellen Lichter eines Autos die um-
hegte Beschaulichkeit zerreißen. Man
schmeißt ihm wie ein Gassenbube einen
himmellangen und schrecklich steigernden
Fluch nach; das ist aber nur halbe Befreiung
der Seele und darf eigentlich an diesem Ort
nicht geschehen.

Denn wenn man, glücklicher Laune
und alle herrliche Hitze der Luft und dieses

atmenden Bodens in sich saugend, auf schmalen Pfaden über die sanften Rebhügel wandert, spricht man, zufällig und doch fast etwas andächtig, die zwei kleinen Worte vor sich hin: fromme Welt, fromme Welt, und hängt dem Sinne der Silben nach, die von ungefähr kamen und nun die Schritte, die Stunden, die Tage begleiten.

Da ist kein Stück Erde, an dem nicht Arbeit und Gebet eines pflegsamen Mönchtums einmal Anteil hatten; die Steine des Mauerwerks, das jetzt die Böschung stützt, mögen einmal in den Wölbungen der zahllosen Kirchen und Kapellen gesteckt haben, die dicht über die Insel verstreut lagen – dem nüchternen Geschlecht, das Dämme aufschütten mußte, war es zu teuer geworden, all diese überreichen Zeugnisse eines Mittelalters, das doch nun sicher überwunden war, baulich zu erhalten; es ließ sie verkommen und schließlich abtragen. Die alten, derben Holzschnitte der Reichenau, die das Eiland vom strömenden Wasser umarmt zeigen und dahinter das zusammengeschobene Gedränge der Schweizer Ufergemeinden und Burgen, diese kuriosen Bilder lassen fast keinen Raum mehr, so viel haben sie an kirchlichem Bauwerk unterzubringen. Vieles, darunter Bedeutendes, ist heute dahin. Doch drei der Kirchen sind geblieben.

Aber was diesem Land sein frommes Wesen gibt, ist ja nicht die Statistik von Kirchtürmen; die könnte hier trügen wie anderwärts. Die Menschen, die zwischen den Reben den ewig mühsamen Kampf gegen Ungeziefer und Krankheit führen oder mit dunklen Kähnen langsam über die Fischgründe des Sees hinrudern, sind wohl so wie überall da im Schwäbischen, nicht besser, nicht schlechter; ich weiß von recht unfrommen Gesellen, die hier ihren Ausgang ins weite Leben genommen, weiß von Schicksalen, die an dem Ufer Herberge gefunden und nicht recht in Legendenbücher hineinpassen. Und doch: fromme Welt; ja eben dies; Welt, Welt im Mitklingen einer frohen und farbigen Aufgeschlossenheit, die wuchernden Rosen an der frommen Kirche von Oberzell freuen sich, daß sie so schön sind.

Zwölfhundert Jahre sind es her, seit die

Mönche auf ihren Schiffen vom Obersee herabkamen und mit heiligem Gruß die Kiele durchs Schilf an den Strand trieben. Zwei große, prächtig gedruckte Bücher liegen vor, in denen das Schicksal der Gründung, ihre unvergleichliche geistige Fruchtbarkeit beschrieben wird; ein paar Dutzend deutsche Gelehrte von Rang haben ihren forschenden Fleiß dieser Huldigung einer spätgeborenen Zeit zur Verfügung gestellt. Man wird ihnen dafür Dank wissen – aber nicht jetzt, später einmal, an Winterabenden, die mit Jahrtausenden leichter vertraut werden als das heiter genießende Unbeschäftigtsein eines Sommernachmittags. Der gehört den Eidechsen, die mit unsäglichem Wohlbehagen auf den heißen Steinen sich sonnen, den gelben Faltern, die über den Wiesen schwanken, den Wellen, die von dem fröhlichen Dampfer zu dem dankbar spielenden Gestade herübergesandt werden.

Wie oft bin ich diese Straßen und Pfade gewandert – eine Wegstunde lang von einem Ende zum anderen, das ist alles, man kann keine »Touren« machen. Freilich, man kann, wenn man hinüberrudert ans Festland, und freundwillige Ratgeber schildern Wege über die Schweizer Hänge, erzählen von verlorenen Gegenden im Höri, das Hegau liegt hinter Radolfzell, eine ewig lockende, bizarre Kulisse schroffer Berge, der Twiel, der Stoffeln, der Krähen. Ich hab's immer mit dem Zuhören ein Bewenden sein lassen und bin geblieben – diese Wegstunde ist für eine Woche gerade groß genug. Denn man wandert mit ihr durch tausend Jahre. Man könnte ja nun wohl, die fernen Berge auf das ewige Nächstemal vertröstend, mit wißbegierigem Eifer in dies Jahrtausend hineinwandern; aber man ist so aus frommer Seele faul, daß man auch dies nicht tut. Fast ist es eine Schande. Denn die romanischen Fresken, die in der oberen und unteren Kirche aus ihrem übertünchten Schlummer geweckt wurden, sind Pforten für das Verständnis frühester Wandmalerei im christlich-germanischen Kulturkreis, die verhaltene Pathetik ihrer Formenwelt ist großartig und erschütternd. Je und je ist ihnen eine Wallfahrt gewidmet worden, aber ohne den sonst nie vernachlässigten

Kunst-Katechismus des Dehio – es ist eine Scheu, die Kleinode dieser Vergangenheit in ihrer Patina zu gefährden, wenn die Philologie von Datierung und Baugeschichte an ihr herumkratzt. Auf diesem Land soll die Geschichte nicht durch Wissen enger gemacht werden, sondern die Weite der Ahnungen behalten.

In den Abendstunden nimmt man dann wohl eines der leichten Boote und rudert in den See hinaus. Die Schweizer Küste fällt ziemlich schroff herab; der Hang ist mit herrlichen Bäumen bestellt, Schlösser und Landhäuser geben ihm einen munteren und doch großen Charakter. Die Insel aber, hat man sie weit genug hinter sich gelassen, schenkt die unvergleichliche, vornehme Anmut ihres Umrisses: In leichter Bewegung gehen die Linien zum Hochwart, ein kokettes Schlößchen daneben, im Wasser spiegeln sich die Landhäuser, Pappeln und Buschwerk, zwischen denen sich Märchen und Geschichten festgenistet haben. Dort fließt auch die Quelle des heiligen Pirmin, der das Land missioniert hat. Wer an den Augen leidet, tut gut, den kühlen Brunnen aufzusuchen, der in einem alten Haus mit freundlicher Wirtin strömt – er mag auch sonst in Nöten Trost finden.

Wo das Münster liegt, nahe am Ufer, dem Badischen zugewandt, trägt das Wasser den schönen Namen Gnadensee. Das Starke und Bedeutende des südlichen Ufers fehlt ihm – der Rahmen löst sich zu einer freundlich gewellten Idylle von Hügel, Wald und Wiese; die Häuser der Nähe ein sauberes Biedermeier, ihre schmalen Gärten von Blumenfreude überwuchert.

Starr und wuchtend, in einfachen, ganz großen Maßen der alte Kirchenbau dazwischen – nicht mehr der Herrscher des Landes, wohl noch fromme Stätte, doch Neugier und Wißbegier steterer Gast als fromme Andacht. In diesem Bau waltet Strenge, die nicht ohne Düsterkeit ist. Aber das Geläute, das der derbe Turm über den See und zu den Weinbergen und Fischplätzen wirft, hat eine fast behagliche Stimme; auch das Münster hat sich mit dem Wandel der Dinge abgefunden, denn es weiß, wie sein Wesen hier in das Wesen alles Seins eingegangen ist.

Friedrich Leopold Graf zu Stolberg

Insel Mainau

Diesen Nachmittag fuhren wir nach der Insel Mainau. Sie liegt zwischen dem eigentlichen Bodensee und dem Überlinger See, sechshundert Schritte weit vom Ufer und ist noch anmutiger als die Reichenau. Ziemlich steil erhebt sie sich, wie ein kleiner Berg, aus den Wellen und ist mit Bäumen an ihren Ufern, mit wechselnden Weinbergen und mit Äckern geschmückt. Man übersieht einen

großen Teil des Bodensees; wo dieser durch seine Krümmung sich dem Aug entzieht, da zeigen sich die Gebirge seiner Ufer.

Der schroffe Alpstein schien seiner Höhe wegen, hier wie in Lindau, grade gegen uns über sich zu türmen. Da ein sanfter Wind von der Insel her zu wehen begann, schien der See in der Entfernung weiß und glatt wie ein Spiegel, und nahe am Ufer kräuselten sich seine grünen Fluten. Dieses Inselchen vereinigt alles, was man wünschen darf. Der Wunsch, hier mit den entfernten Unsrigen leben zu können, ward bis zur Sehnsucht lebhaft.

Auf dem Rückwege, da wir auf dem langen Stege, welcher die Insel mit dem festen Lande verbindet, die Sonne hinter dem waldigen Ufer des Überlinger Sees untergehen sahen, blickten wir oft in den großen See hinein. Der Alpstein glühte vom Abendrot, mit mattem Golde schimmerten die Gebirge von Glarus, die Tiroler Berge schatteten sich zum trüben Grau, in den Tälern herrschte schon die Nacht...

Carlotta Textor

Klingende Insel

Vom See erhob sich ein leichtes Wehen. Es
streifte die Ufer, lief rings ins Land, und wo
es an die schlafende Erde rührte, wich die
Beharrlichkeit der Nacht: Am Wasser klirr-
te das Schilf, die Wiesen sträubten ihr Gras-
gefieder, die Bäume regten sich im Gezweig,
und Büsche erklangen von Blätterspiel. Als
würfe das Land die dunkle Decke ab, unter
der es geruht, so dehnte es sich weich und
weit, und seinem drängenden Atmen ent-
strömten die ersten Laute des Tages, die
frühen Farben schlichen ins Dämmergrau,
der Morgen zog herauf – Florian erwachte.

Silber...

Zwiefach drang diese Wahrnehmung in
sein aufquellendes Bewußtsein: Sein noch
schlafender Blick fing die Vision seines wilden, in Silbernebeln schäumenden Gartens

ein, indes sein Ohr ihm den hellsten aller Erdentöne zutrug -- ein silbernes Lerchenlied. Er blinzelte und lauschte, und während er sein Herz von Wohlbehagen klopfen spürte, sprang er vom Lager und erraffte aus der Unordnung des Zimmers irgendein verstreutes, sommerlich dürftiges Gewand, das er um sich schlang, während er schon aus dem Fenster stieg. Draußen erwarteten ihn die Fliederbüsche, ihn mit Blüten zu überschütten, als er sich durchs Blattdikkicht drängte. Gräser, die ungemäht blühen und vergehen durften, streiften sein Knie, auf taunassen Sohlen gelangte er zum See. Prüfend tauchte er seinen Fuß ins Wasser, zog ihn zurück... baden? Er lachte ein bißchen: Er gehörte nicht zu denen, die sich Abhärtung beweisen müssen. Um Mittag erst war der See warm – jetzt wußte er ein schöneres Bad. In der Nähe wucherte Wiesenklee, eingesponnen in Tau – da warf er sich hinein, daß die hochgestengelten Dreiblätter und feuchtschweren Knospen ihn wogend umspülten. Nach diesem Grasbad erst hell wach, begab er sich an seinen heitern Tagesablauf.

Florians Zuhause war eine Insel im See, der sie mit großen Prächten, wie eine Lieblingsfrau, umschloß, sie mit dem Geleucht seiner Mittage überschüttete und mit den Schleiern seiner Dämmerung umfing – doch auch mit Stürmen peitschte oder unter der Dumpfheit seiner Nebel gefangenhielt.

Florian, als guter Untertan dieses Beherrschers, ließ seine erste morgendliche Sorgfalt den Obliegenheiten gelten, die der See ihm auferlegte. Zwar war nach solcher stillen Nacht Unordnung kaum zu erwarten – dennoch lief er zunächst zum schilfverbor-

genen Schuppen, wo die beiden Ruder-
boote, das große und das kleine, nebeneinander wie Mann und Frau im Ehebette
ruhten, während das eingeknöpfte Kanu
zur Seite als Wickelkind in seiner Wiege
schlief. Florian hatte jeden Morgen Freude,
die kleine Bootsfamilie so behütet in ihrem Häuschen vorzufinden, und wie ein
Bauer auf Zuwachs im Kuhstall bedacht
ist, so erstrebte er Vermehrung im Ruder-
schuppen.

Für ihn waren die Boote Wesen mit Gedanken und Gefühl – wie er denn über-
haupt von kleinauf dazu neigte, jedes Ding
zu verlebendigen: Das Brot war die Mutter
der Semmeln und wohnte mit ihnen mollig
im Kasten. Das Messer war der Mann, die
Gabel die Frau, der Teelöffel das Kind, das
Messerbänkchen der Hund in einer Tisch-
besteckfamilie. Ein Glas, aus dem man lange
nicht trank, fühlte sich beleidigt, und ein
Kissen, jähzornig in die Ecke gepfeffert,
weinte um Erbarmen, ward tröstend aufgehoben und in alle Kissenwürden wieder
eingesetzt.

Wie alt Florian denn war? – Dreißig. Und

er war ein großer starker Mensch von schönem Gliederbau und mit einer wohlgestalteten Seele. Die Frauen sahen ihn an, und Tiere und Kinder liefen ihm zu, als wäre er der Spielmann aus dem Märchen. Er war ein glücklicher Mensch – das war das ganze Geheimnis.

Nachdem er sich vergewissert hatte, daß das Kanu gut zugeknöpft, daß Ruder und Paddel an Ort und Stelle waren und die Bootsketten hielten, blieb er beinbaumelnd sitzen, den dunkeln Kopf an einen Pfahl gelehnt ... Würde das heute wieder ein Tag! – Weit lag der See vor ihm mit fernem Horizont von Wald und Bergen. Die gläsernen Gletscher bargen sich noch im Blust der Frühe, doch ringsum die kleine nahe Welt entstieg schon dem Morgenfunkeln. Von Sankt Korbinian wehten sieben Turmuhrschläge heran.

Florian sprang auf, um nach den Fischkästen zu sehen. Ein paar Felchen waren in Gefangenschaft geraten! Er schöpfte einen Eimer voll Wasser und tat die Fische hinein. Dann trabte er pfeifend einen anderen Weg, als den er gekommen war, zum Haus ...

Plötzlich blieb er stehen, verstummt und verzaubert: Die Azaleen waren aufgeblüht über Nacht, die bunten Pontischen – es loderte gelb, kupfern, feurig aus dem Schattendämmer der Rhododendren. Hingerissen schaute er – jedes Jahr wieder erstarrte er vor diesem Wunder: Haushoch züngelten die Büsche in Blütenbrunst, in der Unersättlichkeit ihrer Farben ihr eigenes Blattgrün verschlingend. Nirgends wucherten sie wie auf dieser Insel, zu der die Fremden kamen und um Erlaubnis baten, die tropische Fülle zu bewundern. Wie auf der Isola Madre, sagten sie.

Isola Madre ... Florian hatte sich noch nie darum gekümmert, wo die denn lag, immer hatte er Sigi danach fragen wollen, doch es stets vergessen. Aber er spürte aus dem Klang das Üppige, Heißsonnige heraus – Isola Madre. Er horchte den Silben nach, die er gemurmelt hatte, er murmelte sie wieder und noch einmal, eine kleine Melodie stellte sich dazu ein und zu dieser deutsche Worte im gleichen Takt:

Sonne und Freude...
Leuchtende Blüten...
Glückliche Liebe...

Lauter hübsche Wortgebilde vom selben Versmaß wie diese fremdferne Isola Madre...

Das Zucken der Fischleiber im Eimer mahnte ihn, sich aus seiner Versunkenheit zu lösen. Trunken von Farben, trennte er sich. Im Weitergehen schob er sich eine gelbe Blüte hinters Ohr. Ob mir dieses Jahr endlich das Bild gelingt? überlegte er und wünschte es sehnsüchtig. Leuchtende Blüten... leuchtende Blüten... Summend und pfeifend betrat er das Haus.

Es lag noch schlafumfangen da, ohne Regung, ohne Laut. – War nicht auch das Haus ein atmendes Wesen? Es schlug die Wimpern auf, wenn die Laden nach und nach aufgingen, und wenn seine Fenster weit offenstanden, lächelte es. – Florian kam zur Küche herein. Zwar fand er sie leer, doch hing ein Duft zwischen den weißen Wänden, der ihm verriet, daß Henriette schon im Gange war. Schwarze Sünde, brummelte er zärtlich, indes er ein mächtiges Rumoren begann. Mit Getöse zerrte er eine Wanne hervor, füllte sie platschend voll Wasser, schüttete rauschend die Felchen hinein. Als sie lebendig die Flossen regten, lief er zu Henriette hinaus.

Sie hatte da ihren Bezirk für sich, gepflegt und buschumhegt, mit braven Blumenstökken ringsum und einem ungeschriebenen »Eintritt verboten«, das die Schar von Sonderlingen, die sie beherrschte, zu respektieren gelernt hatte. Auch Florian klopfte sozusagen in der Luft erst an, ob seine Gegenwart genehm wäre.

»Morgen, Riette. Schön geschlafen?« fragte er mit langem Hals über die Hecke.

Joseph Victor von Scheffel

Der Pfahlmann

Dichtqualmende Nebel umfeuchten
Ein Pfahlbaugerüstwerk im See,
Und fern ob der Waldwildnis leuchten
Die Alpen in ewigem Schnee.

Ein Mann sitzt auf hölzernem Stege
In Felle gehüllt, denn es zieht;
Er schnipft mit der Feuersteinsäge
Ein Hirschhorn und summelt sein Lied:

»Da seht mein verschwollen Gesichte
Und seht, wie bei Durchzug und Wind
Der Ureuropäer Geschichte
Mit Rheuma und Zahnweh beginnt.

Zwar klopf' ich mit steinernen Beilen
Und Keulen mir Bahn durch die Welt,
Doch ist ein gemütlich Verweilen
Noch täglich in Frage gestellt.

Im Wald stört das Raubtier mit Schreien
Den Schlaf im durchhöhleten Stamm,
Und bau' ich mein Hüttlein im Freien,
So stampft mir's der Urochs zusamm.

Drum lernt' ich vom biederen Biber
Und stelle als Wohnungsbehilf,
Je weiter vom Festland je lieber,
Den Pfahldamm in Seegrund und Schilf.

Auch hier muß ich vieles noch meiden,
Was späterer Zeit einst gefällt:
Gern trüg' ich ein Schwert an der Seiten
— Es gibt weder Eisen noch Geld.

Gern zög' ich Gewinn vom Papiere
— Noch sind keine Börsen gebaut;
Gern' ging ich des Abends zum Biere
— Es wird noch keines gebraut.

Und denk' ich der Art, wie wir kochen,
Gesteh' ich selber, 's ist arg:
Wir spalten dem Torfschwein die Knochen
Und saugen als Kraftsaft das Mark.

Wie kann sich der Geist da schon lenken
Auf höh'res Kulturideal?
In all unserm Fuhlen und Denken
Steckt rammeltief Pfahl neben Pfahl.«

Der Mann sang's mit heiserer Kehle,
Da schwoll mit dem Rheuma sein Grimm,
Zwei Bären beschlichen die Pfähle
Und schnupperten kletternd nach ihm.

Da schmiß er zum Pfahlküchenkehricht
Beil, Hirschhorn und Trinkkrug von Ton,
Sprang husch! wie ein Frosch ins Geröhricht
Und schwamm mit Fluchen davon.

Wo einst man die Stätte errichtet
Zum keltischen Seehüttendorf,
Ruht jetzt eine Fundschicht geschichtet,
Tief unter dem Seeschlamm und Torf.

Der diesen Gesang schuf zum Singen,
Hat selber den Moder durchwühlt
Und bei den gefundenen Dingen
Einen Stolz als Kulturmensch gefühlt.

Heidrun Kayser

Umwelt erleben

Unteruhldingen ist ein gemütliches Plätz-
chen. Ein malerischer Hafen, eine spitztür-
mige Kapelle, viel Grün und Blumen unter
hohen alten Bäumen am Seeufer, Ruhe-
bänkchen an der Promenade. Eine Reihe
von Hotels, Pensionen und Restaurants mit
Sonnenschirmen und Tischen im Freien.
Ein überschaubarer Ferienort, in dem man
den besten Kretzer – ein Bodenseefisch, der
anderswo Egli oder Barsch heißt – bekommt
und wo der Hagnauer Weißherbst am billig-
sten ist. In Unteruhldingen findet man auch
eine der größten Attraktionen der Boden-
seeregion, die rekonstruierten Pfahlbauten
aus der Vorzeit. Direkt daneben liegt das
Strandbad mit der Liegewiese, das man ko-
stenlos benützen darf.

Man hat in Uhldingen versucht, Umwelt

und Tourismus in Einklang zu bringen. Autos raus, Radfahrer und Fußgänger (die sich allerdings nicht immer gut vertragen) rein, heißt die Devise. Ein »sündhaft teures« Grundstück im Zentrum wurde von der Gemeinde aufgekauft, um den geplanten Bau von Appartements zu verhindern. Das Strandbad-Gebäude wurde abgerissen, die Fläche begrünt. Nachdem die Ortsumgehung der Bundesstraße 31 fertig war, machten die Uhldinger gleich Nägel mit Köpfen. Mit einem 400 Plätze fassenden Parkplatz am Ortsrand wurden die Autos der Tagestouristen weitgehend aus dem Dorfkern verbannt. Für drei Mark kann man dort einen Tag lang parken. – Für zwei Mark fährt ein Kurbähnchen in die Ortsmitte. Dort gibt es jetzt an der Stelle des ehemaligen Parkplatzes direkt am Seeufer einen Kinderspielplatz. Der Prälatenweg führt hier vorbei, ein schöner Wanderweg von Unteruhldingen über die Weiler Seefelden und Maurach zur Birnau, der barocken Klosterkirche inmitten von Weinbergen. Die Umwelt-Erlebniswoche am Drei-Länder-Meer läßt durchaus Zeit für eigene Entdeckungen.

Jeden Tag steht ein anderes Thema auf unserem Stundenplan. Einmal informieren wir uns in der Überlinger Musterobstbau-Anlage über biologische Killer, die Apfelschädlingen den Garaus machen. Dann ziehen wir Gartenhandschuhe über und rupfen zusammen mit der Öko-Bäuerin Disteln aus dem Weizenfeld und bewundern die neugeborenen Kälbchen auf dem biologisch-organischen Bauernhof.

Einen Vormittag dürfen wir auf dem Forschungsboot »Kormoran« des Seenforschungs-Instituts mitfahren, für viele der Höhepunkt des Umweltseminars. Es geht bis zum Teufelstisch, der bei Tauchern berüchtigten Felsnadel, die unheimlich grün gleich unter der Oberfläche schimmert. Auf dem Weg dorthin wird eine Seebodenprobe entnommen, dann wird ein Planktonnetz ins Wasser gelassen, Kleinlebewesen werden herausgefischt. Am meisten fallen die Wasserflöhe auf. Sie sind grün, weil sie Algen gefressen haben.

Die Experten, so hörten wir in einem Dia-Vortrag schon vorher, sind mit dem Bodensee zur Zeit recht zufrieden. Ja, sie würden ohne Bedenken ein Glas Wasser aus der Mitte des Sees trinken. Tatsächlich wurde kürzlich erstmals nach 20 Jahren wieder ein Phosphorgehalt von unter 40 Milligramm pro Kubikmeter Seewasser gemessen. 1973 waren es 87 Milligramm gewesen, der See drohte umzukippen. Phosphor als Düngestoff fördert das Algenwachstum, beim Abbau der Algen wird Sauerstoff verbraucht, ohne Sauerstoff können viele Organismen nicht mehr existieren, ein ewiger Kreislauf.

Daß der See in Ordnung ist, interessiert nicht nur Touristen und Leute, die am Tourismus verdienen. Immerhin ist der Bodensee auch Trinkwasserspeicher für 4,5 Millionen Menschen. »Der Stuttgarter, der am Wochenende in den See pinkelt, trinkt das Wasser am Montag zu Hause«, sagt einer der Wasser-Wissenschaftler grinsend.

Am dritten Tag der Umwelt-Erlebniswoche geht's in Schilf. Wir besuchen drei der sechs Schilf-Aufforstungsprojekte des Bodenseekreises und kommen uns vor wie Gemeinderäte auf Inspektionstour. Für uns öffnet sich sogar das Törchen hinter dem Schild »Schilf-Sanierungsgebiet. Betreten verboten« am Seeufer bei Maurach. Hier soll getestet werden, ob der See das Schilf auch alleine wieder zustande bringt, nicht durch Neupflanzung wie an den anderen Stellen.

Schilf ist nicht nur schön, sondern auch wichtig zur Sauberhaltung des Wassers, erfahren wir. In den Wurzeln der Schilfpflanzen werden Schadstoffe gebunden und durch Kleinstlebewesen abgebaut. Schilfgebiete schützen das Ufer gegen Wellen und Strömungen. Ganz abgesehen davon ist das Schilf auch Laich- und Aufwuchsgebiet für viele Fisch- und Amphibienarten, Brutgebiet für Vögel, Lebensraum für Schmetterlinge, Spinnen, Libellen.

Warum ist es bloß so schwierig, wieder Schilf am Bodensee anzusiedeln? wollen alle wissen. »Bei mir im Garten wächst das Zeug wie wild«, sagt ein Teilnehmer und muß hören, daß bei ihm das Schilf auch nicht so gefährdet ist. Da fahren Leute mit dem Boot mitten in ein Schilfgebiet, manche trampeln bedenkenlos die Pflanzen nieder auf der Suche nach einem Badeplatz. Auch in den See geworfene Abfälle können Schaden anrichten: »Bei Wellengang wirken schwimmende Müll- und Holzteile wie Mähmaschinen.«

Eines wird uns so langsam klar: An den Hauptproblemen rings um den größten See am nördlichen Alpenrand – Zersiedelung, Tagestourismus, Zweitwohnungen, Dauercamper, zunehmender Verkehr (auf dem Wasser und an Land, zur Zeit sind 55 500 Boote auf dem Bodensee zugelassen, über 35 000 davon sind motorisiert) und den negativen Auswirkungen auf Boden, Luft, Wasser, Tiere und Vegetation – hat der Tourismus einen wesentlichen Anteil.

Vielleicht ganz gut, wenn man sich einmal Gedanken darüber macht, was man als einzelner zum Umweltschutz beitragen kann, sagen wir uns am letzten Abend bei einem gemütlichen Zusammensein. Ganz geschickt, diese Uhldinger mit ihrer Umwelt-Erlebniswoche. »Wo man den Gast zum Freunde macht« lautete bisher ihr Werbespruch. »Wo man den Gast zum Umweltfreunde macht« heißt es seit neuestem.

Wilhelm von Scholz

Nächtliche Gondelfahrt

Am schönsten rudert sich's bei ruhigem See
mit einem Ruder. Man muß ganz hinten am
Heck des Bootes auf dem Sitz stehen dazu,
daß die Leute am Ufer in jedem Augenblick
denken, man würde gleich ins Wasser fallen.
So geleitet gleitet die Gondel reglos, wie im
Traum, über den Spiegel.

Es war schon sehr spät, als ich das Boot
loskettete; ich hörte es nachher während des
Fahrens von den Schweizer Ufertürmen
Mitternacht schlagen. – Eine weite Nacht-
stille, die nur vom Rollen der Kette, dem
Einsteigen und dem Abstoßen einen Augenblick unterbrochen wurde. Der See schlief
im Mondschein. Die verschwimmende Hel-
ligkeit des Spiegels floß atmend über die
Ufer, um Badehütte und Weiden.

Von den Wellenkreisen um mich ziehen

zitternde geschlängelte Lichtstreifen über den Steg und das Schilf. Mein Ruder taucht fast lautlos ein, nur ganz hinten im schwarzen Schatten der Gondel, damit der Seespiegel unzerstört bleibt, während ich langsam über ihn hingleite. Augenblicke seh' ich das Mondlicht in die grüne Tiefe einsinken, einmal den Schatten und gleich darauf das Flossenblitzen eines Fisches. Aber rasch verhüllt der Spiegelschimmer wie ein aus Licht gewobener Schleier den Abgrund, daß um mich raumloses Leuchten ist.

Ich bin aus der Bucht hinausgefahren. Die weiten Gestade liegen ganz im Licht, als ob die Ferne, in die der See nach Osten uferlos hinausschimmert, rings allen Strand, ihn entrückend, überflutet habe.

Ich wende. Wie vom Atem des Wassers leise bewegt, steigt und sinkt das runde Bild der Mondscheibe. Es bleibt mir schwebend zur Seite. Ich fühle das Gleiten des Nachens nur noch so, als ob eine unsichtbare Strömung des Sees ihn trüge. Er nähert sich einer Stelle des Ufers, an der Pappeln in den fahlblauen Himmel steigen.

Ich folge der sanften gebuchteten Uferlinie. Jetzt seh' ich durch das klare Glas des Bootsschattens auf der Landseite auch den hellgrünen, von den Ruderkreisen überwellten Lehmgrund. Ein weit vorgebauter Landungssteg taucht dunkel im Dämmern auf. Die Pfähle stehen da, ohne Grenze gegen ihren langen Spiegel im See, wie ein schattenhaftes Gebilde, das ringsum in den Mondduft zergeht, das nirgends ruht, das nur im Licht schwebt.

Leise, kaum hörbar, spielen hier, wie Pulsschläge des Sees, kleine Wellchen am gerölligen Ufer. Über ihnen schimmert das zitternde Licht, als hätte sich das Spiegelbild von der glänzenden Fläche aufschwebend gelöst.

Dann fährt der Nachen an einer grauen efeuüberwucherten Terrassenmauer hin. Der Blick geht weit in den monddurchdämmerten, lichten Park. Eine schwarze schweigende Waldbucht nimmt mich in ihre Schatten auf. Die dunklen Ufer wachsen. Gewölk umzieht langsam, in der Tiefe seine lichten Ränder spiegelnd, den Mond.

Mit beiden Rudern ausgreifend, fahr' ich über die nächtig verdunkelte Fläche heim.

Hermann Hesse

Spazierfahrt in der Luft

Aber plötzlich ... entwich unter uns die Erde, und ich hatte vom ersten Augenblick an
nicht mehr das Gefühl, etwas mit ihr zu tun
zu haben und zu ihr zu gehören. Die Men-
schenmenge wurde klein und komisch, die
Stadt Friedrichshafen wurde erstaunlich
übersichtlich und niedlich, auch die riesige
Ballonhalle sank zu einem belanglosen Fleck
zusammen. Dafür aber ging uns das Reich
der Lüfte auf, und die Welt wurde erstaunlich groß und weit, wir sahen nahe und ferne
Städte still um den See stehen, der auch an
Größe verlor, und die großen Zusammen-
hänge der Landschaft, die Formen der
Ufer, das Niedersinken der Berge von den
Arlberger und Graubündner Alpen über
die Vorberge und Uferhügel hinweg wurden klar, der Rhein war keine Vedute mehr,

sondern in seiner Größe, Bedeutung und Geschichte zu übersehen, weit hinauf, und bis zur Mauer der hohen Gebirge hin ordnete sich und klärte sich die mir seit Jahren wohlvertraute Gegend so überraschend und einfach, wie manchmal einem Studierenden nach langer Kleinarbeit ganz plötzlich Gefüge und Zusammenhang der Dinge sichtbar wird ...

Ich verstehe nichts von der Technik, und ich weiß nicht, wie weit es Graf Zeppelin noch bringen wird. Ich schließe die Augen und fühle wieder das schwebend leichte, weiche Reisen durch die Luft, ich genieße wieder den Anblick der weit erschlossenen Landschaft und das Gefühl des Draußenseins aus allen irdischen Kleinigkeiten; und ich weiß gewiß: Sobald ich wieder Gelegenheit finden werde, zu fliegen, werde ich es mit tausend Freuden tun.

Fritz Alexander Kauffmann

Birnau

Das Wallfahrtskirchlein Neubirnau am Bodensee wirkt nun gleich als Ganzes wie schaumgeboren. Es ist reinstes Rokoko, und sein Schmuckwerk entstand so spät, daß bei den Altären an die Stelle straffen Schwungs schon die breiige Wellenlinie tritt. Aber kurz vor dem Ende schüttelt hier himmlische Lockerung eine wunderbar gelöste und lösende Halle gleichsam aus den Ärmeln. Dreimal bauscht nach der Tiefe der Raum und wird dabei enger – die flache Apsis ist wie eine weiche Feder eingebogen. Rundum bis zum Hochaltar führt heiterste Galerie, fein wie aus Porzellan. Sie lenkt die zarte Spannung. Unbehindert eilt der Luftsteg den Wänden entlang, die Pilaster, die ihm zu Diensten sind, ihn auf Händen tragen, fühlen kaum seine Last. Putzige Sträußchen und winzige Hermen auf hohem Stiel schaukeln über den Brüstungen dieses lebendig gewordenen Umgangs. Das soll nur noch ein prickelndes Flimmern sein im Einklang mit dem kandelabergleich flackernden Stuck des Kapitäls und dem Flügelschlag der zarthäutigen Putten.

Die Farben sind dementsprechend bunt wie ein ländlich zartes Blumenfest. Selten ist ein Raum so regenbogenschön gelungen. Der Schöpfer Birnaus, Peter Thumb, hat erkannt, daß Barock sein Sublimstes nur erreichen kann in den stofffreien Farben, in Zitron und Celestgrün, in Blaßblau, Salm und Lavendel, in den Rokokonuancen.

Ganz groß ist hier auch die Meisterschaft der mehrfachen Abtönungen, die polierten Altäre sind in Lachs-Tönen gestuft, blaßgoldene Rahmen schmachten auf die süßeste Art in erwählten Schattierungen: Es ist die späte Zeit, stets eine Zeit der Halbtöne, der psychologischen Feinheit und der Pointe. Zwischen Salm, Zitronengold und Mattblau sitzt ein wenig Spangrün immer wieder am glücklichsten Fleck, unvergeßlich schön besonders bei einer schwanken Weinranke. So ist der Raum unendlich rührend und zwingend. Im züngelnden Stuck glaubt man noch den Wellenschlag des Sees drunten am Fuß des Hügels zu spüren. Sein Silberspiegel füllt das Kirchlein mit diesem glücklichen erlösten Licht. Die Wände zwischen den Pilastern sind, als wären sie nicht. Drinnen und draußen stehst du eingenommen in den sanften Luftraum der Landschaft, und es ist dir an diesem Ort lind zu leben.

Anonymes Gedicht
aus dem 16. Jahrhundert

Wohlauf, wohlauf zum Bodensee!
Sonst findt man nirgend Freuden meh
mit Tanzen und mit Springen.
Und welcher gleich nit tanzen will,
der soll doch fröhlich singen.

Wohlauf, wohlauf zum Bodensee!
Sonst findt man nirgend Freuden meh
im Schifflein auf den Wellen.
Und welcher gleich mitfahern will,
mag sich zu uns gesellen.

Quellennachweis

Werner Bergengruen, Meersburg und Lindau, aus:
Deutsche Reise, Drei Masken Verlag, Berlin 1934,
© Verlags AG Die Arche, Zürich 1959

Emanuel von Bodman, Die Reichenau, aus: Aus seinen Werken, Reclam-Verlag, Stuttgart 1949

Carl Gustav Carus, Aus dem Reisetagebuch, aus:
Denkwürdigkeiten aus Europa, Hamburg 1963

Annette von Droste-Hülshoff, Am Bodensee, aus:
Werke, Leipzig 1933

Annette von Droste-Hülshoff, Das Fürstenhäuschen,
aus: Die Briefe der Annette von Droste-Hülshoff,
Jena 1944

Horst Wolfram Geißler, Am Ufer, aus: Der liebe Augustin, Sanssouci Verlag, Zürich 1948

Siegmar Gerndt, Der Bayerische Bodensee, aus:
Unsere bayerische Landschaft. Ein Naturführer,
Prestel, München 1978

Heinrich Hansjakob, Seeprozession, aus: Mein Sakristan, Stuttgart 1911

Hesse, Hermann, Spazierfahrt in der Luft, aus:
Neues Tageblatt, Stuttgart, 7. August 1911

Theodor Heuss, Die Insel, aus: Von Ort zu Ort,
Deutsche Verlags-Anstalt, Stuttgart 1986

Fritz Alexander Kauffmann, Birnau, aus: Kirchen und Klöster des oberschwäbischen Barock, Badischer Verlag, Freiburg i. Br. 1949

Heidrun Kayser, Umwelt erleben, aus: Stuttgarter Zeitung »Sonntag aktuell« vom 8. 7. 1990

Kurt Lampert, Bodenseefische, aus: Das Leben der Binnengewässer, Leipzig 1925

Hans Leip, Wir auf der Hub, aus: Merian 12. Jahrgang Heft 3, Hoffmann und Campe, Hamburg 1959

Wilhelm Raabe, Bregenz 1764, aus: Der Marsch nach Hause. Gesammelte Werke, München 1963

Joseph Victor von Scheffel, Das absonderliche Fahrzeug, aus: Ekkehard, Berlin o. J.

Joseph Victor von Scheffel, Der Pfahlmann, aus: Gaudeamus, in Ausgewählte Werke, Leipzig 1927

Paul Ferdinand Schmidt, Wanderung ist unumgänglich, aus: Wanderungen in Deutschland, W. Kohlhammer Verlag, Stuttgart 1953

Wilhelm von Scholz, Nächtliche Gondelfahrt, aus: Wanderungen, Paul List Verlag Leipzig

Gustav Schwab, Der Reiter und der Bodensee, aus: Gesammelte Gedichte, Stuttgart o. J.

Friedrich Sieburg, Glück und Kummer durch weiße Haare, aus: Chateaubriand, Deutsche Verlags-Anstalt, Stuttgart 1959

Friedrich Leopold Graf zu Stolberg, Insel Mainau, aus: Reise in Deutschland, Italien und Sizilien in den Jahren 1791–92, Hamburg 1822

Carlotta Textor, Klingende Insel, aus: Die klingende Insel, Verlag des Druckhauses Tempelhof, Berlin 1950

Martin Walser, Fischpredigt, aus: Jagd, Suhrkamp Verlag, Frankfurt a. M. 1988

ALTE BODENSEETRACHT

CIP-Titelaufnahme der Deutschen Bibliothek

Kleine Geschichten vom Bodensee
ges. und hrsg. von Ulla Küster.
Stuttgart: Engelhorn Verlag, 1991
(Engelhorn-Bücherei)
ISBN 3-87203-098-1
NE: Küster, Ulla [Hrsg.]

Lektorat: Renate Jostmann
Typografische Gestaltung: Brigitte Müller
Satz: Uhl + Massopust GmbH, Aalen
Druck und Bindearbeiten: Clausen & Bosse, Leck
Printed in Germany